지금의 나로 충분하다

지금의 나로 충분하다

유연하고 충실하게, 이소은이 사는 법

이소은
지음

수오서재

차례

prologue 나 자신이 된다는 것의 의미 9

1 충실하게

Be yourself 17

나를 돌보는 시간 24

“꼭꼭 눌러서 살자” 33

타인의 삶이 보이다 42

자격에 대하여 57

끝까지 해보는 건 어때? 64

2 유연하게

삶의 Not to do list 73

웃음 바이러스 77

세상을 다시 배우다 — 사내정치에 입문하다 83

세상을 다시 배우다 — 프로젝트 매니저가 되다 92

나를 지키는 법 107

비효율 속에서 효율적으로 성장하다 114

나는 이런 사람이야 122

"당신은 어디에 속한 사람인가요?" 128

내 인생의 프리 에이전트 136

3 담대하게

쇼미 더 머니! 147

내가 화이트와인을 마시는 이유 157

출장길에서 나와 만나다 — 플러스알파를 끌어내는 법 164

출장길에서 나와 만나다 — 인생은 희극이다 175

진심의 가치 183

'The best'보다 'My best' 196

4 행복하게

나는 나의 넉넉한 주인 211

컨트리뷰터 221

나의 '한 사람'들 228

잊지 못할 눈빛들 241

여성으로 산다는 것 259

터프함을 배우다 269

살아가는 것 자체가 진전이다 278

epilogue 나아가되, 아프지 않게 287

prologue

나 자신이 된다는 것의 의미

로스쿨 시절 좌충우돌하던 이야기를 담은 책을 출간한 지 벌써 10년이 지났다. 유학생으로서의 생활이 끝나면 조금은 안정된 삶을 살지 않을까 생각했는데, 그 기대와는 달리 오히려 더 많은 시행착오가 나를 기다리고 있었다. 지금도 여전히 혼란과 도전, 실패와 작은 성공 조각들을 모으며 삶이라는 알 수 없는 퍼즐을 맞춰가고 있다.

시간이 갈수록 나의 의지와 상관없이 외부에서 주어지는 상황에 맞춰 변화를 겪는 일이 많아졌다. 가정을 이루면서, 내가 속한 사회와 조직이 변화를 맞이하면서 내 삶의 우선순위가 바뀌고 커리어에 영향을 미치곤 했다. 전 세계를 휩쓴 유례없는 팬데믹을 겪으면서 예측할 수 없는 삶 앞에 겸허해지며, 삶의 그 어떤 것도 보류하지 말자는 결심을 굳히게 된다. 사회적인 나는 조금씩 안정되는 듯 보이지만 내적인 나는 여전히 불안하고 불확실하다.

나 자신이 되어라Be myself. 나는 이 말에 망설임 없이 동의했고, 무조건적으로 긍정했다. 세상의 기준에 나를 맞추지 않고 타인의 이목을 신경 쓰지 않으며, 중심을 내 안에 두는 것이야말로 내 삶의 주인이 되는 가장 멋진 방식이라 생각했다. 하지만 삶은 그리 간단한 것이 아니었다.

지난 10년 동안, 나 자신답게 사는 삶이 어떤 것인지에 대한 근본적인 의문을 품고 살았고, 그 안에는 매우 복합적인 요소들이 혼재되어 있음을 알았다. 자라온 환경과 지난 시간의 결과물로 형성된 '나'는 뉴욕에서 이방인이었고, 아시안 여성이라는 그 사회 속 소수인종이 되었고, 더 이상 아티스트가 아닌 변호사로 살았다. 직업, 환경, 나라, 언어, 문화, 모든 것이 달라진 혼돈 속에서 진실한 나다움의 정체성이 더욱 모호해졌다.

나 자신답게 사는 것은 내가 원하는 대로, 내 감정과 욕구대로 사는, 멋과 패기로 단순하게 정의 내릴 수 있는 것이 아니었다. 그것에는 외부의 도전을 받으며 치열하게 고민하고 깨지고 다듬어가는 과정이 포함되어 있었다. 내 정체성의 큰 부분이 과거의 나에 머물러 있음을 깨닫고, 과거의 나와 현재의 나

사이에서 수시로 흔들렸다. 욕심, 편견, 고집과 집착은 고유한 나로 사는 것을 방해한다는 사실을 경험했고, 그때마다 비워내는 노력을 반복했다.

스스로 정의 내렸던 '나다움'은 시간과 환경에 의해 바뀐다는 것을, 그리고 앞으로도 계속 변화할 것이라는 사실을 인지하고 받아들이는 데까지 많은 시간이 필요했다. 나답게 사는 것에 대한 정의를 매일 새로 쓸 수 있는 용기가 인생에서 필요하다는 사실 또한 알게 되었다.

두려움이 나를 엄습해올 때마다 스스로에게 반복해서 하는 말이 있다.

"내가 언제 이런 일을 또 해보겠어."

유엔 회의에서 연설을 하게 됐을 때도, 재판 일정과 중요한 미팅 발표 때문에 걱정으로 잠 못 이룬 밤에도, 몇 주 동안 이어지는 고된 출장 중에도, 일상에서 일어나는 팀원들과의 문화 충돌과 갈등 속에서도, 프로젝트를 벌이고 수습하기 위해 물불 안 가리며 일을 할 때도, 그리고 또다시 새로운 미래를 디자인해보려고 어려운 결정을 내리는 순간에도 "내가 언제 이런 일을 또 해보겠어"라는 말은 마법의 주문이 되곤 했다. 두려워서 포기하고 싶은 상황을 일생에 한 번 있을까 말까 한 특별한 기회로 변화시켜주었다.

불안과 성취감, 두려움과 설렘이 혼재된 그 시간 속에서 나는 나에게 충실하게 살아가는 방법을 찾고자 했다. 내가 서 있는 길 위에서 마주하는 모든 변화를 유연하게 맞이하려는 열린 마음이야말로 가장 진실한 지금의 나와 만나는 방법임을, 이제는 알 것 같다.

이 책은 작지만 강렬한 내적 변화를 이끌어낸 일상과 마음의 기록이다. 책을 펴내는 과정은 롤러코스터 같았다. 지나온 10년뿐 아니라 내 삶 전체의 기억들을 되짚어보면서 미처 소화하지 못한 경험과 완전히 이해하지 못한 감정들을 들여다봐야 했다. 음악 커리어를 뒤로한 채 미국에서 새로운 일을 시작하고, 삶의 터전을 옮기는 선택을 하고, 그 선택에 대해 문득문득 흔들리고 불안했던 마음을 차근차근 살피고 정리할 수 있었다. 대단한 성공을 해야만 내가 쌓은 커리어와 소중한 사람들을 두고 떠나온 것이 억울하지 않을 거라고, 명절과 어버이날에 외로이 계실 부모님과 떨어져 있는 시간을 메울 만큼 가치 있는 일을 하고 그만 한 결과를 내야만 의미가 있다고, 수없이 다그쳐왔던 나 자신과 비로소 화해할 수 있었다.

나 스스로에 대한 자부심, 실망, 욕심 같은 복합적인 마음을 정면으로 마주하고 이제는 나에게 조금 더 너그러운 주인이 되겠다는 마음의 변화를 기꺼이 받아들인다. 지금 나와 같이 '내가 언제 이런 일을 또 해보겠어'라는 마음으로 스스로를 격려하는 이에게, 진정한 자기 자신이 되길 바라며 고군분투하는 이에게 작은 도움이 될 수 있기를, 소망한다.

2022년 이른 봄,

이소은

1

충실하게

Be yourself

사회는 직업에 따라 그 사람의 성격이나 성향 그리고 그에 부합하는 이미지를 그려낸다. 로스쿨에 들어가기 전 미국 드라마를 보면서 상상했던 변호사는 올블랙 정장을 입고 웃음기 없는 얼굴에 이성적이고 날카로운 모습이었다. 실제로 로스쿨에 다니는 동안 만난 많은 변호사의 모습이 그 이미지에서 크게 벗어나지 않아 웃음 많고 덤벙대고 기분파인 내가 어떤 방식으로 이 세계에 적응할 수 있을지 걱정되었다.

로펌 첫 출근 전날, 나는 어떤 옷을 입을지, 첫 이미지를 어떻게 부각시킬지에 대해 궁리하느라 몇 시간을 소비했다. 당당하고 야망 있는 스타일? 서글서글하고 나이스한 동료? 냉철하고 조금은 신비스러운 느낌? 동양 여성이 소극적이라는 잘못된 고정관념을 깨버릴 '센 언니' 콘셉트로 시작해야 얕보이지 않지 않을까? 별별 생각을 하며 잠을 설쳤다. 특히 10년 넘게 다닌 나의 '직장'은 무대, 녹음실, 방송국이었기에 팀의 위계질서가 분명한 사무실로의 출근은 나를 더욱 긴장하게 만들었다.

아티스트에 따라 차이는 있겠지만 퍼포먼스를 직업으로 하는 사람은 개인의 역량과 개성이 중요하다. 무대에서는 아티스트 개인의 특성과 곡의 분위기, 공연 콘셉트에 맞춰 의상, 헤어, 메이크업을 결정하고 때로는 과감하게 포인트를 준다. 나 역시 가수 활동을 활발히 할 때는 음악과 나를 가장 잘 표현할 수 있도록 스타일리스트, 메이크업 아티스트와 상의하며 방향을 잡곤 했다. 개인의 고유함과 차별성을 드러내는 것이 중요한 직업인 만큼 개인의 스타일도 중요했기 때문이다.

로스쿨에서 취업 설명회나 취업 상담을 받을 때마다 고장난 레코드판처럼 반복해서 들은 조언은 "Don't let the one thing they remember be what you were wearing(너에 대한 가장 강렬한 기억이 의상이 되게 하지 마라)", "Law firms are risk-averse and conservative(로펌은 보수적이고 리스크를 좋아하지 않는다)"였다. 법조계는 대체로 보수적이고 클라이언트와 사건에 업무 초점이 맞춰져 있기 때문에 자신을 지나치게 드러내지 않는 무난한 사람을 선호한다는 이야기였다. 신입 변호사라면 더더욱 그랬다.

로펌에 들어서는 순간, 내가 얼마나 다른 세계에 발을 내딛었는지 실감할 수 있었다. 내가 익숙했던 사회와는 정반대였지만 로펌의 분위기와 변호사라는 타이틀에 부응해야 한다는 압박감이 느껴졌다. 내 지난 경력을 알고 있는 동료들에게 무리없이 적응하고 일을 잘하는 모습을 보여야 한다는 생각이 나를 지배했다. 의상부터 적합해야 한다는 생각에 검정색 재킷과 정장 바지, 블라우스, 검정 구두, 귀에 딱 붙는 작은 귀걸이로 결정했다. 내 개인 취향과 가장 거리가 먼 복장을 하고 무조건 튀지 말고 잘 섞이자는 다짐을 했다. 첫날인만큼 로펌 분위기에 맞추는 게 좋을 듯싶었다.

내가 구한 아파트는 로펌과 약 스무 블록 떨어진 곳에 있었다. 뉴욕의 10월 초 아침, 심혈을 기울여 고른 의상을 입고 집을 나섰다. 올블랙 정장 차림을 하고 나니 이제 웃음기만 지우면 얼추 내가 상상한 예리하고 날카로운 변호사 이미지와 비슷해지는 듯도 했다.

나와 비슷한 옷을 입고 분주히 움직이는 사람들 속으로 걸어 들어갔다. 뉴욕 미드타운의 풍경 속 한 부분을 차지하고 있다는 사실이 묘한 설렘을 안겨주었다. 20분을 걸어 로펌에 도착했다. 내가 입사한 로펌은 미드타운 고층 건물에 자리하고 있었다. 21층에 올라가 인사과 사람들과 필요한 서류를 작성하고 로펌 웹사이트에 등록할 사진 촬영을 마치고 나니 어느새 점심시간이 되었다. 풋내기의 행운일까? 입사 환영 식사를 함께한 변호사 두 분은 나의 첫 국제중재 재판을 같이 담당하게 될 파트너와, 로펌을 떠난 지금까지도 자매처럼 지내고 있는 선배 변호사였다. 처음 만난 직장 선배들과의 식사가 편할 리는 없었지만, 일식집에서 점심을 하게 되어 아시안 음식과 여행 이야기로 가벼운 대화를 주고받을 수 있었다. 점심 식사가 끝나갈 무렵, 로스쿨 때 경험한 국제중재 케이스에 대해 이야기를 나누며 로펌에 중재 케이스가 있으면 꼭 일하고 싶다는 관심을 내비쳤다. 그리고 바로 다음 날, 옆방에 있던 변호사 한 명이 찾아와 내가 국제중재에 관심이 많다는 이야기를 전해 들었다면서 지금 바쁜 케이스가 있는데 함께 일해보자는 제안을 해왔다. 브라질과 일본 기업 간 계약 분쟁이었는데 핵심 사실관계를 듣는 것만으로도 흥미가 생겼다. 환영 식사 자리에서 무심하게 나눈 대화가 로펌에서의 경험을 구체화하는 데 결정적인 역할을 한 것이다.

몇 달이 지나 어느 정도 회사 분위기에 적응하고 사람들과 친숙해지자 무조건 그 환경에 맞추려 했던 강박은 사라졌고, 내 본래의 모습이 다시 제자리를 찾았다. 첫 출근을 위해 구입했던 블랙과 그레이 정장 슈트는 옷장 뒤편으로 자리를 이동했고, 그 자리에는 밝은색 카디건과 무늬가 그려진 재킷, 즐겨 입는 드레스들이 대신했다. 어떤 콘셉트를 지닌 변호사 이미지를 심어줄까 했던 생각 역시 자연스럽게 사라졌고, 내 성격대로 사람들과 관계를 맺어갔다. 분야가 다른 일이라 해도 결국 인간관계가 가장 중요하다는 것, 그리고 개인의 특성과 성격이 일을 성공적으로 해내는 데 있어 큰 역할을 한다는 것을 몸소 경험했다.

입사 8개월 차, 브라질 기업 클라이언트의 증언 준비를 위해 기업의 핵심 임원들과 일주일 정도를 꼬박 함께 보내게 되었다. 클라이언트와 함께 삼시 세끼를 먹으며 하루에 열네 시간 이상씩 일하다 보니 재판 준비 이외에도 브라질의 역사와 커피에 대한 이야기를 나눌 정도로 친밀한 관계를 맺게 되었다. 클라이언트가 재판 중에도 주니어 변호사인 나에게 질문하고 의지하는 특이한 상황이 벌어지기도 했다. 보기 드문 경우였다. 로스쿨에서 들었던 조언, "개성을 드러내지 말고 일에 집중하라"는 어느새 나에겐 "너의 고유함을 기억하게 하라"라는 믿음으로 대체되었다. 재판을 무사히 마친 후 파트너 변호사로부터 받은 피드백에는 '1년 차 변호사로서 클라이언트와 관계 형성 능력이 인상적이었다'는 평이 담겨 있었다.

나다운 방식이야말로 가장 진솔하고 고유하다. 내가 다른 사람이 되는 것만큼 어색하고 불편한 것도 없다. 내가 진정한 나로 존재할 때 자신감과 힘이 생긴다. 자기다움은 자연스럽고 넘치지 않아서 주변을 편안하게 하고 신선한 에너지를 줄 수 있다.

일하며 만난 클라이언트 중에는 구글에서 20년 넘게 일한 변호사가 있다. 나는 그를 만나기 전부터 그에 대한 좋은 평판을 들어왔다. 언젠가 그가 매일 정장 슈트를 입고 로펌에서 일하다 후드티를 입고 출근해도 되는 구글의 문화를 처음 접했을 때의 경험을 들려주었다. 그는 웃으며 이렇게 말했다.

"그런데 나는 정말 슈트를 좋아하거든요. 몸이 좀 이상하게 생겨서 슈트를 입을 때 그나마 좀 봐줄 만해요.(웃음) 그래서 난 구글에서도 계속 슈트를 입고 출근했어요. 처음에는 다들 이상하게 생각했지만 차츰 회사 클라이언트들 사이에 'the suit guy'라고 알려져 오히려 관계를 맺을 때 굉장히 도움이 됐어요. 법무팀에서 마스코트 같은 사람이 되었죠."

그 역시 자신의 고유함이 가진 힘을 일찌감치 알았던 것 같다.

오스카 와일드가 한 말로 알려졌으나 출처가 불분명한 이

명언을 떠올려본다. "Be yourself. Everyone else is already taken.(너 자신이 되어라. 다른 사람은 이미 존재한다.)" 다른 사람이 되려 하지 않을 때 비로소 자신만의 고유한 정체성을 구축할 수 있다는 말이다. 변호사라고 해서 일부러 차갑고 냉정한 분위기를 풍기려고 할 이유도, 센 언니일 이유도, 모노톤의 의상을 입어야 할 이유도 없다. 어떤 일을 하든, 그 직업이 가지고 있는 고정된 이미지에 나 자신을 맞추지 않아도 된다. 다른 사람이 아닌 자신만의 옷을 입을 때 가장 효율적으로 일할 수 있고 최대의 결과물이 나온다. 가장 나다운 것이 가장 강렬한 힘이다.

나를 돌보는 시간

로펌에 입사하자마자 나는 1년 차로는 흔하지 않은 재판 경험을 하게 되었다. 소송 사건의 대부분은 재판 전 합의로 끝나기 때문에 실제로 재판까지 가는 경우는 극히 드물다. 1년 차 때는 문서 검토, 증거 정리, 판례 조사를 집중적으로 하고 재판 참여는 주로 연차가 높은 변호사의 몫인데, 중재 재판에 직접 참석해 일하는 행운을 얻게 된 것이다. 원래 1년 차 변호사는 주니어로서 해야 할 일이 많은데, 재판 준비는 다른 차원의 혹독한 업무량과 스케줄을 감당해야 한다. 사건과 관련된 모든 사실관계의 근거가 되는 문서를 찾기 위해 수천 페이지에 달하는 기록을 리뷰해 정리해야 하고, 주니어 변호사에게 오기 마련인 팩트 관련 질문에 대비해 모든 문서의 디테일한 부분까지 숙지해야 한다. 서면 작성을 위한 판례 조사와 요약은 물론, 변론을 펼쳐나갈 논리와 근거를 찾고 익히는 역할 역시 해내야 한다. 게다가 경험 부족으로 선배 변호사가 한 시간이면 처리할 일을 몇 시간 혹은 몇 날을 붙잡고 있어야 할 때도 많다. 하루가 24시간인데 할 일이 절대적으로 많으니 잠을 줄이는 방법밖에 없었다. 재판 준비를 하면서 일주일에 90~100시간 가까이 일을 하는 건 다반사였다.

다행히 나는 잠이 그리 많은 편은 아니었다. 고등학교 때 데뷔한 후 가수 생활을 하면서 쫓기는 스케줄에 잠을 줄이며 일하는 것에 익숙해졌다. 하지만 음악 활동을 하면서 스태프들의 챙김을 받으며 잠을 못 자는 것과 혼자 사무실에 남아 익숙지 않은 일을 새벽까지 하는 것은 180도 달랐다. 십 대나 이십 대가 아닌 삼십 대에 하는 밤샘 역시 확실히 힘에 부쳤다. 야근과 밤샘이 잦아지면서 건강도 나빠졌다. 고질적인 허리디스크는 더 심해졌고 팔과 다리도 수시로 저렸다. 스트레스성 뾰루지와 다크서클은 사라질 틈이 없었다.

졸린 눈을 비비며 출근한 어느 날이었다. 에스프레소 기계에서 진하게 뽑은 커피에 뜨거운 물을 조금 부어 사무실로 올라왔다. 그리고 전날 밤 끝내지 못한 판례 검토를 하기 위해 책상 앞에 앉았다. 하지만 30분도 지나지 않아 심한 두통과 함께 눈이 감기는 것이었다. 화들짝 깨서 다시 집중하려 했지만 얼마 지나지 않아 다시 그 과정은 반복됐다. 허리도 아프고 무릎도 시리고 총체적인 컨디션 난조였다. 대학교 시험 기간 때 도서관에서 엎드려 살짝 자다 일어나면 머리가 말짱해지던 경험을 떠올리며 딱 20분만 자고 일어나면 좋겠다고 생각했다. 아쉽게도 로펌 사무실은 온통 통유리로 이루어져 있었고, 사무실 문 역시 투명한 유리였다. 지나가는 사람들이 다 들여다볼 수 있는 구조였고 심지어 내 사무실은 엘리베이터에서 내리자마자 시선이 바로 닿는 곳에 위치해 있었다. 책상에 엎드려 쪽잠을 자기엔 너무 훤히 보이는 곳이었다. 다시 커피를 한 모금 들이켜고 서류에 집중하려 했다. 하지만 곧 정신을 차려보니 판례가 인쇄된 서류 여러 곳에 펜으로 그림을 그리고 있었다. '진짜 안 되겠다. 잠깐 밖에 나가서 걷고 올까?' 창문 밖으로 보이는 뉴욕의 도심은 시린 바람이 불고 진눈깨비가 날리는 암울한 풍경이었다. 이런 날씨에 나가서 걷는 것은 무리였다. '딱 10분만 눈을 붙이면 될 것 같은데….'

이때, 온갖 문서가 어지러이 쌓인 사무실 안의 큰 책상이 눈에 들어왔다. 원목으로 된 아주 큰 책상, 그리고 무엇보다도 앞이 막혀 있는 완벽한 책상! 책상 밑에 들어가 쭈그리고 앉으면 아무도 나를 볼 수 없었다. '이거야! 아주 잠깐이면 돼.'

오후 6시가 되면 꺼지는 난방 시스템에 대비해 사무실에 가져다 놓은 캐시미어 이불은 완벽한 침낭이 되어줄 터였다. 문쪽으로 눈을 돌렸을 때 마침 아무도 없었다. 재빨리 이불을 들고 책상 밑으로 기어 들어갔고, 바퀴 달린 의자를 끌어당겨 공간을 막았다. 어둡기까지 한 너무 완벽한 동굴이었다. 가장 편한 자세로 자리를 잡고 휴대폰으로 시간을 봤다. 딱 20분만….

얼마나 지났을까? 사무실 문이 열리는 소리에 화들짝 놀라서 눈을 떴다.

'누구지? 이 상황을 어떡하지? 그냥 조용히 있어야 하나? 그런데 아무도 없는 내 사무실에 누가 들어온 거지?'

찰나의 순간, 온갖 생각이 들었다. 그사이 침입자는 책상으로 다가와 나를 가려주고 있던 의자를 끌어내는 것이 아닌가. 그대로 나는 얼어붙었다.

"악! 니키! 여기서 뭐하세요?"

질끈 감았던 눈을 뜨고 위를 바라보니 사무실 직원인 라파엘이 황당하다는 표정으로 나를 내려다보고 있었다. 기밀 유출을 방지하기 위해 파기해야 할 문서들을 매주 금요일마다 걷으러 다닌다는 사실을 잊고 있었다. 문서 휴지통은 책상 밑에 있었고, 그는 일을 하러 들어왔다가 책상 밑에서 자고 있던 나를 발견한 것이었다. 달리 할 말이 없었다.

"음… 너무… 피곤해서요."

"오, 설명 안 해도 돼요. 문서 걷어갈게요."

애처로운 표정을 짓는 그에게 쭈그려 앉은 상태로 문서 휴지통을 건네다 그만 둘 다 웃음이 터져버렸다. 한참 웃던 라파엘은 "쉬어요. 좀 나아졌으면 좋겠네요"라며 씩 웃으며 사무실을 나갔다. 겨우 쭈뼛쭈뼛 책상 밑에서 나와 의자에 다시 앉아서도 혼자 한참을 웃었다. 잠시 눈을 붙여서인지 아니면 웃음으로 엔도르핀이 돌아서인지 모르지만 판례 검토를 졸지 않고 할 수 있었다.

무슨 일을 하든 오래도록 잘하기 위해서는 실력을 키우는 것 못지않게 자신을 돌보는 것이 중요하다. 지금의 나였다면 누가 보든 말든 당당하게 책상 위에 엎드려서 잠을 청했을 것이고, 애초에 내 컨디션이 그 지경이 되지 않도록 시간을 더 효과적으로 배분했을 것이다.

나는 고등학교 1학년 때 가수 데뷔를 했다. 케이팝이 지금처럼 전 세계적으로 각광받기 한참 전이었고, 연습생 시스템 역시 제대로 구축되기 전이었다. 체계적이지 않아서 힘든 점도 있었지만 자연스럽게 연예계에 적응할 수 있다는 장점도 있었다. 방송 스케줄과 녹음 일정이 매일 이어졌지만 나는 일찍 조퇴를 할지언정 매일 학교에 갔다. 사회생활을 하면서 학생으로서의 정체성을 지키기 위한 나 자신과의 약속이기도 했다. 지금 생각하면 고지식해서 그랬던 것 같기도 하지만 말이다. 부산에서 공연을 마치고 새벽에 서울에 도착하면 나는 집에 가서 옷만 갈아입고 학교로 갔다. 대학 입시에 대한 걱정, 음반 활동에서 오는 스트레스, 녹음 일정을 위한 컨디션 관리… 모든 것을 다 잘해내기에는 무리가 있었을 텐데, 그때 나는 자신을 돌볼 생각조차 하지 못했다.

어느 날 녹음실에 있다가 집에 와서 샤워를 하는데 등에 물줄기가 닿을 때마다 따끔거리며 아팠다. 피곤해서 몸살 기운이 있나 보다 생각했는데, 아침에 일어나 보니 등뿐 아니라 갈비뼈와 목 주변에도 붉은 반점이 여러 군데 퍼져 있었다. 건선인가, 피부 알레르기인가, 자가 진단을 하다가 통증이 심해져 결국 엄마와 함께 병원에 갔다. 알고 보니 극심한 피로와 스트레스에서 온 대상포진이었다. 얼굴까지 퍼져서 더 심해지면 실명할 수도 있다는 의사 선생님의 말을 듣고 나서야, 모든 스케줄을 취소하고 집에서 휴식을 취하기로 했다. 집에 누워 있으면서도 '지금 이래도 되나'라는 불안감은 사라지지 않았다. 20년이 지난 지금, 그때 대상포진으로 생긴 흉터들이 여전히 내 등과 배에 동그랗게 남아 있다.

로펌에서 중재 재판 준비로 매일같이 야근하며 치열하게 일할 때였다. 화창한 5월이었지만 나는 토요일에도 사무실에 나와 꼬박 하루를 보냈다. 허리가 뻐근하고 팔이 저린 상태가 지속된 지 며칠째였다. '내일만큼은 좀 쉬어야지.' 반드시 집 앞에서 브런치를 먹고 여유로운 시간을 가질 계획을 세우고 잠이 들었다. 하지만 아침에 일어나 보니 허리 상태가 심상치 않았다. 문고리를 잡고 돌리는 간단한 동작에도 전기 쇼크처럼 찌릿한 통증이 느껴졌다. 몸을 제대로 펴고 서 있기가 고통스러웠다. '너무 오래 앉아 있어서 그럴 거야. 좀 걸으면 되겠지.' 가볍게 산책하면 허리가 풀릴 것이라 기대하고 집을 나섰다. 하지만 얼마 못 가 길거리에 주저앉아버렸다. 2분이면 올 거리를 20분이나 걸려 기다시피 집에 들어왔다.

다음 날부터 일주일 동안 결근을 하고 말았다. 침대에서 일어날 수조차 없었기 때문이다. 노트북을 배 위에 올려놓고 일을 하려 애썼지만 누워서 판례 검토를 하고 서면 작업을 하는 것은 한계가 있었다. 콘퍼런스 콜은 침대에서 참여하고 미팅은 어쩔 수 없이 빠졌다. 건강을 잃으면 아무것도 할 수 없음을 제대로 경험한 일주일이었다.

이십 대에는 끓어오르는 열정을 따랐고, 삼십 대에는 프로페셔널로서 능력을 키우기 위해 몸을 사리지 않고 일했지만,

이제는 지치지 않고 계속 나아갈 수 있는 건강과 끈기가 그 어떤 것보다 중요하다는 사실을 느낀다. 한번 몸이 고장나면 회복도 더디고 회복하더라도 이전의 상태로 돌아가기 어렵다는 것도 실감한다.

〈허핑턴 포스트〉의 설립자이자 대표였던 아리아나 허핑턴은 과로와 수면 부족으로 의식을 잃고 쓰러지며 얼굴뼈 골절상을 입었다고 한다. 이 경험을 계기로 그녀는 일과 성공을 위해 신체적, 정신적 건강을 희생하는 것을 당연시하는 현대 문화에 변화가 필요하다는 것을 절감했다. 결국 그녀는 2016년 회사를 떠나 '스라이브 글로벌Thrive Global'이라는 기관을 설립했다.

'워라밸work-life balance' 개념에 대해 그녀는 색다른 시각을 제시했다. 균형을 이루고자 하는 일과 삶, 웰빙과 생산성을 서로 대치되는 개념으로 보는 것이 아니라, 같은 편에 서서 함께 다뤄져야 할 가치로 본 것이다. 성공에 대해 재정의하고 사람들의 건강 등을 다루며 다양한 일을 진행하는 '스라이브 글로벌'의 핵심에는 자신을 돌보는 셀프케어가 있다.

셀프케어는 말처럼 쉽지 않다. 건강의 중요성을 깨닫기는 했지만 오랜 습관으로 굳어진 업무 패턴이 하루아침에 고쳐지거나 변화되지 않는다. 오랜 시간 동안 몸을 혹사시키고 마음을 다그치며 살아와서일까. 셀프케어 하는 방법을 삶에 적용하는 것이 어색하기도 하고, 때론 그 방법 자체를 모를 때가 많다. 하지만 이 또한 연습할수록 는다. 신참의 딱지를 떼고 효율적으로 일하는 요령이 생기고, 육아와 일을 병행하면서부터는 억지로라도 내려놓음을 배우게 된다. 애통하게 너무 일찍 세상을 떠나버린 지인들이 하나둘 생기면서 인생의 우선순위가 흔들리고, 삶을 돌아보며 점검한다. 전 세계를 마비시킨 팬데믹을 겪으면서 일과 성공을 바라보는 시선 역시 크게 변화했다.

앞으로도 나는 현재의 삶에서 내가 할 수 있는 셀프케어의 가장 좋은 방법을 고민하고 시도하면서 살아갈 것이다. 명확한 답을 내리지는 못해도 그 중요성을 인식하고 작은 행동 변화에서부터 시작하려 한다.

하는 일의 성패와 관계없이 자신을 소중히 대하는 것, 자신의 노력과 작은 성과를 인정해주는 것, 몸의 신호를 무시하지 않는 것, 이러한 작은 습관부터 기르는 것이다. 결국 나를 돌보는 셀프케어는 자신을 제대로 사랑할 줄 아는 마음에서 나온다. 너무 쉽게 나를 등한시했던 지난날과 화해하고 이제는 정말 나를 사랑하는 마음을 키울 수 있기를, 평온한 날들에도 나를 아낄 수 있기를, 여유가 생기면 불안 없이 충분히 누릴 수 있기를, 바라본다.

“꼭꼭 눌러서 살자”

대학에서 만난 남편과 이십 대 후반에 결혼한 그녀는 두 아이를 키우며, 독재 정권 시절 대학에서 민주화 운동을 하다 교수직에서 파면당한 남편의 뒷바라지를 하면서 살았다. 더 이상 강단에 설 수 없게 된 남편은 더 깊은 공부를 위해 미국으로의 유학을 결정했고, 그녀는 남편이 입학한 학교에서 주는 장학금과 파트타임 아르바이트를 하며 모은 돈으로 근근이 생계를 꾸렸다. 알파벳도 모른 채 부모를 따라온 두 아이의 학교생활을 살피고 돌보는 일 또한 그녀의 몫이었다.

그녀가 중학생일 때 선생님이 외우라고 한 짧은 영시 덕분에 영어를 좋아하게 된 그녀는 정신없는 생활 중에도 틈날 때마다 책을 읽었다. 분주한 하루, 꽉 찬 생활 속에서 독서다운 독서는 아이들이 한참 자란 후에나 가능했지만 손에서 책을 놓지 않으려 노력했다. 그녀에게 책은 작은 쉼터였다.

마흔 초반에 다시 서울로 돌아와 정착하는 일 역시 쉽지 않았다. '운동권'이라는 딱지가 붙은 남편은 교수 초빙에 번번이 거절당했고, 강단을 포기하고 연구소에 자리를 얻기까지 한참의 시간이 필요했다. 그녀는 자신에게 허락되는 모든 일을 마다하지 않았다. 번역도 하고 가정교사 일도 했다. IMF 금융 위기가 생활의 어려움을 가중시켰고 아이들 학비 부담은 나날이 심해졌다. 우연히 한 영어 교육 기관에서 어린이 영어 교육 프로그램을 기획하고 학부모들과 상담할 전문가를 고용한다는 공고를 봤다. 그녀는 그 회사에 지원하며 자기소개서에 자신이 그 일에 적합한 이유를 영어로 썼다. 커버 레터라기보다는 편지에 가까운 지원서였다. 진의가 통했던 것일까. 영어교육학을 공부해본 적도, 관련 경력이나 학위도 없던 그녀는 두 아이의 엄마, 사십 대의 나이에 취업을 했다. 영어를 가르치기보다 어린아이들에게 외국어를 경험하게 하는 그녀만의 색다른 발상은 학부모들로부터 긍정적인 호응을 받았다.

몇 년간 열심히 일하던 그녀는 미국에서 홀로 남아 공부하던 큰딸의 교통사고 소식을 듣고 하던 일을 그만두었다. 다행히 딸은 잘 회복되었고, 그녀는 작은 신문사에서 봉사자로 다시 일을 시작했다. 그곳에서 그녀는 설문 조사나 전화 상담을 했고, 가끔은 원고와 관련된 에디터 역할도 했다. 얼마 후, 신문사 대표는 지인이 운영하는 회사의 회장이 비서실 책임자를 맡길 적합한 인물을 찾고 있다며 그녀를 추천했다. 그녀는 또 한 번 전혀 다른 업무인 회장실 비서실장 역할을 맡게 된다. 외국 파트너와의 소통이 잦았던 회장실에서 영어 커뮤니케이션을 담당하면서 공부를 계속 이어갔다. 일을 할 수 있다는 것 자체로 즐거움과 만족을 얻는 그녀는 젊은 비서들의 큰언니 역할을 하면서 보람을 느꼈다. 그리고 늘 관심은 많았지만 기회가 없었던 영문학을 공부하기 위해 방송통신대학에 입학하고 몇 년 뒤 학위를 받았다.

열심히 직장을 다니며 공부를 하던 그녀는 엄마의 도움이 필요한 아이들 때문에 또 한 번 직장을 떠났다. 시간이 지나 아이들이 안정을 찾고 난 후, 지인의 추천으로 외국어 유치원 원장 업무를 맡게 된다. 오십 대에 들어선 후였다. 그녀는 어린아이들이 낯선 외국어를 흥미롭고 자연스럽게 습득할 수 있는 커리큘럼을 개발하는 데 열정을 쏟았고, 부드럽고 지혜로운 리더십으로 선생님, 학부모와 소통하고 아이들을 지도했다.

육십 대가 되어서 퇴직을 한 그녀의 삶은 이전과 크게 다르지 않다. 책 읽는 동호회에 참석하고, 문학 강의를 듣고, 필명으로 심리학 책을 번역하고, 영상 편집을 배우고, 바리스타 자격증을 따고, 오랜 세월 동안 쌓인 가족과의 이메일을 정리하는 작업을 하며 기쁨을 느낀다. 건강한 밥상과 음식의 화학작용을 공부해서 건강에 적신호가 온 가족과 지인들에게 격려의 메시지와 함께 정보를 전달한다. 그녀의 온화한 기운은 예나 지금이나 변함이 없고, 여전히 그녀는 새로운 것을 찾아 배우고 도전한다.

그녀는 우리 엄마다.

엄마가 영어 유치원, 신문사, 기업의 회장 비서실에서 일을 할 때 나는 학생이었다. 학교를 다니며 음반 활동을 하고, 젊음을 만끽하며 열심히 놀러 다니느라 엄마의 생활을 잘 알지 못했다. 하지만 또렷하게 기억나는 것은 있다. 엄마는 늘 무언가를 부지런히 하고 계셨다. 엄마의 시간은 아주 촘촘하게 만들어진 어망 같아서 사소한 것부터 중요한 것까지 모두 엄마의 어망 안에서 새롭게 태어났다.

어린이 영어 교재와 놀이를 만들어보면서 어떤 방식이 가장 효과적일지 궁리하는 모습, 식탁에 앉아서 다양한 영어 표현이 쓰인 빳빳한 색종이를 핑킹가위로 오리고 풀로 붙이면서 콧노래를 부르던 엄마의 주말 풍경이 생각난다. 한영사전을 끼고 다니면서 글을 고치고, 책에 포스트잇을 붙여놓고 메모를 하고, 리더십에 관한 여러 서적을 쌓아놓고 수험생처럼 집중하던 모습 역시 선명하다. 언니의 콘서트 연주복도, 심지어 웨딩드레스도 동대문 상가에서 천을 직접 구해서 디자인하고 전문 재봉사에게 맡겼다. 내가 가수 생활을 할 때 잠시 소속사가 없던 틈에는 매니저 역할까지 했다. 퇴직 후엔 이른 아침 바리스타 수업을 들으러 나갔다가, 집에 돌아와 그날 배운 것을 연습하는 엄마 곁에서 시음으로 얻어 마신 커피 맛도 혀끝에 남아 있다.

엄마가 직장 생활을 하면서 방송통신대학에 다닐 때 나 역시 대학생이었고 영문학 전공이었다. 엄마와 동시에 대학생이고 같은 과라고 농담을 주고받으며 웃기도 했다. 졸업을 앞두고 엄마는 유진 오닐의 《밤으로의 긴 여로》라는 작품에 대해 논문을 썼다. 비슷한 시기에 나도 미국 희곡 수업에서 같은 작품을 공부했던 터라, 작품에 대해 엄마와 많은 대화를 나눴다. 그 희곡에 등장하는 어머니인 메리 타이론이라는 인물을 분석하면서 엄마가 거쳐온 긴 세월이 조금씩 보이기 시작했다. 우리에게 차마 말하지 못했을 감정들, 엄마라는 존재가 아닌 한 개인으로, 한 여성으로 느꼈을 외로움과 혼란이 처음으로 보이는 듯했다. 엄마가 논문을 완성하고 학위를 받았을 때 나에게 찾아온 울림은 오래도록 사라지지 않았다.

엄마의 이력서를 상상해본다. 학생이었다 전업주부였다 유학생의 아내였다 회사원이었다 교사였다 봉사자였다… 언뜻 보면 조화롭지 않은 여러 줄이 나열되어 있을 것이다. 가족을 돌보기 위해 어쩔 수 없이 일을 그만둬 경력은 때때로 단절됐고, 일의 연속성은 잃었다. 한 분야의 전문가도 아닌 들쑥날쑥한 이력들이 모여 지금에 이르렀다. 하지만 한 가지 분명한 사실은, 엄마의 삶을 향한 노력은 단 한 순간도 단절된 적이 없다는 것이다. 그리고 그 노력은 지금까지도 이어진다.

최근에 엄마에게 물었다.

"엄마는 왜 그렇게 많은 일을 하며 살았어?"

엄마는 잠시 멈춰 생각하다가 말했다.

"삶을 낭비하고 싶지 않았어. 뭔가를 할 수 있으면 해야 하는 거지. 삶이란, 사는 것이잖아."

지금도 엄마는 한결같이 시간을 아끼고, 준비하고 행동하고, 또 기다리신다.

내가 태어나기 전에 돌아가신 외할머니는 자주 이렇게 말씀하셨다고 한다. "죽으면 썩을 몸뚱어리, 뭣 하러 아끼나." 엄마는 할머니의 그 말씀을 온 삶을 다해 실천하고 있는 것이 아닐까. 그 길에서 엄마의 태도는 언제나 평화로워 보였다. 딸인 나에게 말하지 못한 많은 갈등도 있었을 테고 경제적인 도움이 절실한 상황에 처할 때도 있었겠지만, 엄마의 일과 노력은 단순히 경제적인 개념과 거리가 있는 것처럼 보였다. 삶의 여정에 놓여 있는 크고 작은 어려움과 외부 상황과는 별개로 당신의 삶을 풍요롭게 채우려고 노력했다. 그래서인지 엄마에게는 언제나 삶을 깊이 사랑하는 기쁨이 느껴졌다. 오늘도 엄마는 삶을 낭비하고 싶지 않다는 소박하면서 강렬한 목표를 위해 부지런히 움직이고 생각하고 새로운 방향을 모색한다.

나도 늘 바쁘게 산다. 몸도 마음도 분주해서 불안할 때도 많다. 잠을 줄이고, 데드라인에 맞춰 마감을 하고, 일을 벌이고 수습하고, 낯선 일에 나를 밀어 넣고, 두려움이 동반되는 도전을 시도하면서 나를 확장시키고, 어제보다 더 높이 가기 위한 방법을 고민하고… 이렇게 내 삶의 낭비를 막는다고 생각한다. 그런데 나는 왜 이 바쁜 삶이 만족스럽거나 뿌듯하지 않고 무겁게만 느껴질까? 바쁜 꿀벌은 슬퍼할 겨를이 없다고 하는데, 어째서 '나'라는 바쁜 꿀벌은 슬퍼하고 괴로워하는 시간이 늘 함께하는 것일까.

엄마가 걸어온 인생의 마디마디에는 힘듦 속에도 온화함과 자유로움이 있었다. 이 자유는 욕심으로부터의 자유다. 삶을 낭비하지 않기 위해 주어진 시간을 소중히 여기고 끊임없이 움직이고 부지런하되, 욕심으로부터 자유로워져야 한다는 것을 이제야 이해한다. 엄마의 마음에는 어디에도 예속되지 않는 공간이 있다. 그렇기에 늘 마음이 새로운 길을 향해 열려 있고, 쓸데없는 고민으로 시간과 에너지를 낭비하지 않는다. 욕심이 들어갈 공간을 행동으로 채웠다. 어쩌면 외부 상황이 힘겨웠기 때문에 유일하게 자신이 통제할 수 있는 마음의 자유를 그토록 갈구하셨는지도 모른다.

내 이메일 사서함에는 10여 년이 넘는 시간 동안 엄마와 주고받은 수백 통의 이메일로 가득하다. 스물일곱 살에 집을 떠나 세계 반대편에서 떨어져 산 그 세월은 야속하지만, 이렇게 아름다운 서신의 기록이 남았다는 것은 대단한 행운이다. 로스쿨 2학년 내 생일날 엄마에게서 온 메일에 이런 구절이 있다.

"소은아, 매일매일 꾹꾹 눌러서 살자."

엄마 스스로와의 다짐과 나를 위한 엄마의 염원이 담긴 메시지였다. 하루를 꾹꾹 눌러서 사는 것은 한정된 시간을 살 수밖에 없는 우리의 삶을 낭비하지 않는 방법이다. 무엇을 버리고 무엇을 채워야 할지 명료하게 인식할 수 있을 때 가능하다. 욕심이 나를 사로잡고 여러 고민으로 시간과 에너지를 낭비할 때마다 나를 붙잡아주는 것은 엄마의 삶에서 길어 올린 이 마음가짐이다. 엄마의 70년 인생에서 자연스럽지만 강렬하게 각인된 이 소중한 가치를 내 것으로 꼭 이루어내고 싶다.

타인의 삶이 보이다

로펌에서 근무한 몇 년 동안 가장 보람을 느낀 일은 프로보노 사건을 맡았을 때였다. 프로보노는 공익을 위한다는 뜻을 가진 라틴어 'Pro bono publico'의 줄임말로, 전문가들이 공익을 위해 전문 지식과 기술을 기부하는 일을 일컫는다. 공익 활동에 관심이 많은 로스쿨 동기들도 학자금 대출을 갚기 위해 최소 몇 년간은 로펌에서 일한다. 대신 로펌에 있는 동안 일정 시간을 할애해 공익 활동을 할 수 있는 프로보노 케이스를 맡아 그 갈증을 채운다. 대부분의 로펌도 변호사들의 프로보노 일을 권장하고 지원한다.

로펌 생활에는 '3년 고비'라는 것이 있다. 처음 입사할 때는 새로운 환경에 적응하고 신입 변호사로 다양한 일을 배우느라 다른 생각을 할 여유가 없다. 일에 어느 정도 익숙해지고 팀

내에서도 자리를 잡고, 중간급 어소시에이트associate로서 가장 많은 일을 하게 되는 연차가 3년 차 무렵이다. 그래서 그즈음 번아웃 증후군도 흔히 찾아온다. 입사 초에 가졌던 긴장과 설렘은 사라지고, 과도한 업무량으로 인한 야근이 잦아지면서 일과 삶의 균형, 워라밸을 추구하기가 어려워진다. 로펌 문화가 자기와 맞는지, 자신이 일하는 분야에서 미래가 보이는지 고민을 하며 이직을 생각하는 시기가 오고, 심지어 아예 진로를 다시 찾는 경우도 있다. 연차가 더 쌓이면 자리를 옮기기가 더 어려워지기 때문에 로스쿨 동문들을 보면 이때 다른 로펌, 정부 기관 혹은 인하우스(기업 법무팀, 사내 변호사)로 옮기는 경우가 많다. 재무 설계를 잘 해놨다면 어느 정도 로스쿨 학비 대출을 갚을 수 있기 때문에, 로펌보다 연봉이 적은 정부 기관이나 국제기구, 비영리 기관으로 옮기거나 공익 변호사로 전환하는 사례도 볼 수 있다. 이 같은 여러 이유로 인해 3, 4년 차 변호사에게는 변화를 모색하고 고민하기에 적합한 환경이 주어진다.

나에게는 이런 고민이 조금 더 일찍 찾아왔다. 로펌 변호사 생활은 누구에게나 고단하지만, 친구들이 놀리듯 말하는 '자유로운 영혼'의 소유자인 나는 아무래도 보수적이고 딱딱한 로펌 문화가 잘 맞는 편은 아니었다. 첫 1, 2년은 새로운 환경과 업무에 노출돼 정신없이 일했지만, 고작 2년 차 중간 즈음이 되었을 때 회의를 느끼기 시작했다. 직장에도 허니문 시기가 있다고 하지 않는가? 나는 조금 일찍 신혼 생활을 접고 이미 권태기에 들어선 셈이었다. 일의 강도도 한몫했지만, 내가 이상적으로 꿈꿔온 '의미 있는 일'을 하고 있는가에 대한 의구심이 찾아와 혼란스러웠다. 매일 쳇바퀴 돌듯 출근해서 이메일 확인, 문서 검토, 서면 작성, 판례 조사 그리고 야근으로 이어지는 생활에 지쳐갔다. 여가 시간을 즐기기는커녕 주말도 없이 일하는 경우가 비일비재했고 피곤함과 짜증만 늘어갔다. 분명 내 생활에는 변화가 필요했다.

친한 선배 변호사에게 고민을 토로하니 선배는 "프로보노 케이스 하나 맡는 게 어때?"라는 뜻밖의 대답을 했다. 일이 많아서 힘들어 죽겠다는데 일을 더 맡으라고? 어이없는 제안에 시큰둥한 반응을 보이자 그 선배는 전 로펌에서 변호사를 그만둘까 고민할 때 프로보노 케이스를 맡고 다시 일에 대한 애정을 찾은 경험을 들려주었다. 일이 의미를 잃어갈 때 좋은 자극이 될 거라는 조언이었다.

쉴 틈 없는 스케줄에 또 다른 부담을 얹는 것이 아닐까 하는 우려도 있었지만 시도해봐서 나쁠 게 없겠다는 생각이 들었다. 로펌들은 대개 인권 단체와 파트너십을 맺고 프로보노 사건을 소개받는다. 인권 단체 소속 변호사들은 공익 사건에 익숙하지 않은 로펌 변호사들을 트레이닝해주고 가이드를 제시한다. 로펌 변호사들은 기업 간 소송, 합병, 지적재산권 분쟁 등 전문 분야가 아닌 공익 분야의 법률을 배우고 사건을 관리하며 변론하는 경험을 쌓을 수 있고, 클라이언트는 비용을 지불하지 않고 변호를 받을 수 있는 윈윈win-win의 상황인 것이다.

나는 '휴먼 라이츠 퍼스트Human Rights First'라는 인권 단체의 변호사를 소개받아 망명 신청을 한 난민의 변호를 맡기로 했다. 나는 이민법에 대해 백지상태였고 망명법은 전혀 공부해본 적이 없던 터라 다시 학생이 된 기분으로 관련된 협약과 판례를 모으기 시작했다.

클라이언트를 처음 만난 건 오전 8시 로펌 미팅룸에서였다. 뉴욕 로펌은 보통 오전 10시 출근이지만 야근이나 새벽 콘퍼런스 콜에 따라 출퇴근 시간은 각자의 상황에 따라 다르다. 오전 10시 이후에는 쉴 새 없이 쏟아져 들어오는 이메일로 정신적 압박이 시작되기에 이른 시간 미팅을 잡았다. 처음으로 파트너 변호사나 시니어 변호사 없이 혼자 클라이언트를 맞이하는 것이라 기분 좋은 떨림이 있었다.

짧은 머리에 깡마른 이십 대 후반의 젊은 남자가 긴장한 모습으로 내 앞에 앉았다. 클라이언트는 변호인을 만나는 것이 처음이었고 미국에 온 지도 얼마 되지 않아 많이 불안해 보였다. 프로보노로서 나의 첫 클라이언트에게 내 소개를 하며, 그를 변호하기 위한 질문과 요구 자료에 철저한 준비를 해달라고 부탁했다. 나 역시 최선을 다해 돕겠다고 말했다.

클라이언트는 아이티에서 기자로 일하다 부정부패를 일삼는 당시 아이티 정부의 만행을 파헤치는 기사를 작성해 수차례 목숨을 위협받아 미국으로 망명한 케이스였다. 케이스 파일을 정독하되, 클라이언트한테 직접 사건의 전말을 듣는 것도 중요했다. 클라이언트는 아이티 공식 언어인 크리올어와 공용어인 프랑스어를 사용하는 친구였는데, 영어도 꽤 잘했다. 그는 담담하게 자신이 여기까지 오게 된 이야기를 했고, 나는 중간중간 이해와 확인을 위한 질문을 했다. 질문과 답을 통해 점점 그의 삶의 스토리에 살이 붙기 시작했다. 다른 사건도 마찬가지이지만, 특히 망명 사건은 사실관계가 매우 중요하다. 클라이언트 본인도 모르게 도움이 되는 팩트를 생략할 수 있는데, 그런 팩트는 변호사의 질문을 통해 드러나는 경우가 많아서 꼼꼼하게 질문하는 것이 중요하다.

눈 깜짝할 사이에 두 시간이 지났다. 다음 미팅 날까지 해야 할 일 목록을 작성하고 클라이언트가 준비해야 할 자료를 알려주었다. 헤어질 즈음 그는 조금 편안해진 듯 처음으로 웃음을 보여주었다. 고맙다는 인사를 하고 떠나는 그를 배웅한 뒤, 나는 안도의 한숨을 내쉬며 사무실로 돌아와 그날의 오전 업무를 정리했다. 오랜만에 느껴보는 뿌듯함에 미소가 지어졌다. 한 사람의 삶이 걸린 일에 내가 공부한 전문 지식이 직접적인 도움이 될 것이라는 기대와 함께 로스쿨에서 공부하고 변호사 선서를 했을 때 느꼈던 포부가 다시금 살아나는 것 같았다.

그 후 이 케이스를 위해 1년 6개월 동안 수많은 미팅, 콘퍼런스 콜, 법원 출입이 있었다. 아이티에 있는 클라이언트의 가족과 지인을 전화로 인터뷰했고, 클라이언트의 성격 증인Character witness과 아이티의 정치 시스템에 대한 전문가 증인을 찾아 인터뷰했다. 증인 진술서와 서면 작성에 많은 시간을 투자했다. 미국 국토안보부Department of Homeland Security와 수차례 전화 통화를 했고, 미국 정부의 관료제를 이해하고 필요한 자료를 찾아내는 과정 중에 많은 시행착오를 겪었다. 무엇보다 클라이언트와의 소통과 케이스 일정에 차질이 없도록 전체적인 관리를 하는 데 집중했다. 사건이 진행되는 긴 시간 동안 다른 사건 재판이나 출장도 많았지만, 이상하게도 프로보노 케이스에 할애하는 주말과 야근 시간은 조금도 아깝거나 힘들지 않았다.

2015년 가을, 드디어 클라이언트의 망명 재판 날짜가 잡혔다. 이민법 판사 앞에서 케이스 변론과 증인 심문을 하고, 미국 국토안보부 변호사와 대치해야 했다. 마침 이 시기에 나는 로펌을 퇴사하고 국제기구에 합류하기로 결정이 난 상태였다. 프로보노 케이스를 맡을 때 로펌의 지원을 받기로 약속이 되어 있어서 로펌 소속 변호인이 재판을 진행해야 하는 문제가 생긴 것이다. 처음부터 사건의 모든 부분을 내가 책임졌기 때문에 끝까지 내 몫을 해내고 싶었다. 재판 전에 변호인이 바뀌어 케이스에 악영향을 주기 싫었고, 무엇보다도 나와 친밀하게 일해 온 클라이언트가 불안감을 느끼지 않도록 재판까지 변호인으로서 역할을 완수하겠다고 약속했다. 평소 친하게 지내던 로펌 동료 변호사에게 공동으로 재판을 하지 않겠느냐고 제안했다. 그는 소송으로 유명한 로펌에서 일하다 미국 연방법원에서 클럭십clerkship까지 한 재원이었고, 무엇보다 나와 아주 잘 통하는 유머감각을 지닌 동료였다. 다행히 그는 흔쾌히 수락했고, 우리는 함께 마지막 두 달간 재판 준비에 박차를 가했다. 로펌을 퇴사하고 이직을 앞둔 3주의 자유시간 동안 서울에 휴가차 다녀왔는데, 부모님과 오랜만에 떠난 부산 여행 중에도 미국 시간에 맞춰 서면을 리뷰하고 심문 준비를 하느라 밤을 꼴딱 새는 일이 다반사였다.

재판 당일, 일찌감치 법원 근처 스타벅스에서 만난 동료와 함께 결의를 다지고 법원에 들어갔다. 공항에서나 있을 법한 보안 검사를 기다리며 주위를 둘러보았다. 이민 법원답게 99퍼센트의 사람들이 영어에 서툰 난민 혹은 이민자였다. 각자의 고국에서 각자의 사연을 안고 먼 타지로 힘겨운 발걸음을 선택한 사람들. 고층 빌딩에 위치한 로펌 사무실 책상에 앉아 문서를 작성하는 것과는 너무도 다른 삶의 현장을 마주하면서 나도 모르게 숙연해졌다.

양복을 곱게 차려입고 긴장한 기색이 역력한 우리 클라이언트가 미리 와서 재판장 앞에 서 있었다. 클라이언트를 처음 만난 날이 생생하게 떠올랐다. 나는 그의 어깨를 잡고 말했다.

"드디어 오늘이군요. 아주 잘할 거예요."

나는 클라이언트 옆에 앉아 시시콜콜한 이야기로 그의 긴장을 풀어주려 했다. 우리와 반대 입장에 있는 미국 국토안보부 변호사와 악수를 나누고 있는데 판사가 재판장으로 들어왔다. 우리는 모두 관례대로 기립했고, 클라이언트의 앞날에 대한 키를 쥐고 있는 판사를 살폈다. 냉정하게 보이는 그는 꽤 공정한 판결을 내리는 판사라는 평가를 전해 들은 참이었다. 원고나 피고 어느 한쪽을 호의적으로 보지 않고 케이스의 사실관계에 입각해 결정을 내린다는 것이었다. 뻔한 이야기 같지만, 판사마다 성향이 다르기 때문에 그들이 내린 판례를 분석해서 변론의 전략을 짜는 경우가 많다.

국토안보부 변호사는 전문적으로 망명 케이스를 다루는 경험자였기에 이런 종류의 사건이 생전 처음인 우리와는 달리 여유로워 보였고, 판사도 그녀와 안면이 있다는 것을 알 수 있었다. 그녀는 그날 담당할 사건 서류 더미를 한꺼번에 들고 와서, 그 중간에 끼어 있는 우리 케이스 파일을 뒤적이며 찾고 있었다. 우리 클라이언트의 사건은 그녀가 당일 처리해야 할 여러 케이스 목록 중 하나에 불과했다. 그 변호사의 'To do list'에 체크해야 하는 하나의 항목이 우리 클라이언트에게는 삶을 좌지우지하는 중대한 일이었다. 삶의 아이러니를 생각하는 찰나, 재판이 시작되었다.

직접 심문은 증인 진술서로 대신했기 때문에 정부 측 변호사의 반대 심문이 곧바로 진행되었다. 하지만 반대 심문이 시작되자마자 무언가 잘못되었다는 것을 느낄 수 있었다.

"미국에서 법을 공부하고 싶다고 했는데, 그게 아이티에서의 기자 생활과 어떤 관련이 있죠? 본국에서 신변의 위협을 느껴서 망명 온 것이 아니라, 이 나라에서 다른 커리어를 갖고 싶어 온 것이 아닌가요?"

이게 무슨 날벼락 같은 소리인가. 정부 측 변호사는 우리 클라이언트가 미국 땅에 들어오자마자 진행한 국경 인터뷰의 기록을 참조하여 그가 언급한 진술을 바탕으로 심문하고 있었다. 하지만 우리 변호인 팀은 그 기록을 본 적이 없었던 것이다!

알고 보니, 1년 전에 정부가 가지고 있는 모든 기록을 받아 보기 위해 서류를 제출했지만 백로그되어 있는 국토안보부 시스템 때문에 아직 받아보지 못한 몇 개의 서류 중 하나가 클라이언트가 미국 국경을 넘을 때 국토안보부에서 진행한 인터뷰 border interview 기록이었다. 이 상황에 대한 준비가 없었던 나와 팀 동료는 적잖이 당황했다. 정부 측 변호사가 언급하는 인터뷰 기록의 사본을 공유해줄 것을 요청했다. 정부 측 변호사는 우리의 요구를 듣고 매우 냉정하게 답했다.

"미안하지만 그건 내가 관여할 문제가 아닙니다. 전달이 지연된 서류를 우리 쪽에서 제공해줘야 할 의무는 없어요."

우리는 판사에게 다시 한번 어필했고, 판사는 중요한 기록이 빠진 상황을 고려해 재판 날짜를 한 달 뒤로 연기하기로 결정했다. 우리는 그사이 국경 인터뷰 기록을 신속하게 받기 위한 절차를 진행할 수밖에 없었다.

국경 인터뷰에서 자신이 어떤 이야기를 했는지 정확한 기억이 나지 않는다며 우리에게 미안해하는 클라이언트에게 자초지종을 설명하고 법원을 빠져나왔다. 그는 생명의 위협을 느끼며 몇 주에 걸친 고행 끝에 미국 국경에 다다랐고, 그가 그 상태에서 한 인터뷰를 세세히 기억할 수 없다는 것은 충분히 이해할 수 있는 일이었다. 2년간의 대장정이 끝날 줄 알았는데 또 다른 난관에 봉착한 우리 팀은 사무실에 모여 서류를 신속하게 받을 있는 방도를 물색했다. 우선 미국 국토안보부에 수시로 전화해 우리 사정을 설명하고 신속 처리 절차가 있는지 질문했고, 여러 담당자와 이야기를 한 끝에 보장은 할 수 없지만 최대한 노력해보겠다는 약속을 받아냈다. 이제 기다리는 수밖에 없었다.

재판이 한 달 연기된 것을 기회 삼아 반대 심문 준비를 더 철저히 하자는 계획을 세웠고, 하루도 빠지지 않고 국토안보부에 전화하면서 무조건 귀찮게 하자는 전략을 실행했다. 다행히 우리 전략은 통했고, 약 2주 뒤, 국토안보부 인터뷰 기록을 받아볼 수 있었다. 이미 알고 있는 클라이언트의 스토리와 크게 벗어나지는 않았지만, 법 공부에 대한 이야기를 한 부분이 눈에 들어왔다.

유엔 협약에 명시된 '난민'으로 간주되려면 아주 정확하게 난민의 정의에 부합해야 한다. 우리 클라이언트에게 해당되는 조항은 '사회적 그룹 혹은 정치적 견해에 따른 박해에 대한 충분한 공포를 가지고 있는 것'이었고, 그 이유로 본국으로 돌아가는 것이 불가능함을 증명해야 했다. 저널리스트는 사회적 그룹에 해당되었지만 여러 차례 목숨의 위협을 받은 사실을 증명해야 했고, 아이티에 돌아가면 신변이 위험하다는 것 역시 입증해야 했다. 정부 측 변호사는 난민이기보다는 아메리칸드림을 좇아 미국으로 이민을 결정한 외국인이라는 방향으로 클라이언트의 스토리를 끌고 가려는 듯했다. 이것을 막기 위해서는 클라이언트와 로스쿨 관련 이야기를 잘 풀어내야 했다. 어떻게 보면 한 달이라는 시간이 더 주어진 것이 우리에게는 행운이었던 셈이다.

마지막 재판 날짜가 다가왔고, 우리는 만반의 준비를 한 상태로 법원에 다시 섰다. 서류와 증인 준비를 철저히 하고, 클라이언트 역시 더 빈틈없이 준비했기 때문에 첫날보다 덜 긴장이 되었다. 국토안보부 변호사의 반대 심문도 생각보다 잘 넘어갔고, 판사는 우리에게 최후 변론을 할 기회를 주었다. 최후 변론은 내 몫이었다. 영화에서 보면 최후 변론을 하는 변호사는 배심원 앞에서 매우 드라마틱하게 스토리텔링을 한다. 이번 재판은 매우 특정한 법에 입각한 케이스인 만큼, 판사 앞에서 간략하고 임팩트 있게 변론하는 게 좋을 듯했다. 클라이언트의 사건이 왜 유엔 협약 조항에 부합되는지 강조하기 위해 협약에 명시된 요소와 사실관계를 간결하게 연결했다. 또한 내 클라이언트와 유사한 사실관계가 등장하는 판례를 언급했다. 클라이언트와 여러 차례 미팅을 하면서 받았던 인상, 저널리즘이 자신의 소명이고 비록 고국에 돌아가지 못해도 언론의 자유가 보장된 미국에서 아이티를 위해 계속 일하고 싶어 하는 클라이언트의 포부와 신념을 전하며 최후 변론을 마쳤다. 판사는 "Thank you, counsel"이라고 말한 후 잠시 생각에 잠겼다.

1분이나 흘렀을까. 판사는 우리 사건의 사실관계를 요약하기 시작했다. 이민 법원이 처음이었던 나와 동료 변호사는 어리둥절해하며 가만히 듣고 있었다. 클라이언트 망명 신청 이유를 요약한 후, 잠시 멈추고 생각하던 판사는 우리 클라이언트를 바라보며 이렇게 말했다.

"망명 신청자는 저널리스트라는 사회적 그룹에 속한 사람이고, 그가 살던 국가에서 그 사회적 그룹에 대한 박해를 받아온 사실이 명백하다. 그가 고국으로 돌아갈 시 목숨이 위태로울 수 있다는 충분한 증거가 있다. 따라서, 신청자를 망명자로 승인한다."

그는 곧 판사봉을 내리쳤다.

너무 갑작스럽게 판결이 내려져서 나는 몇 초 동안 얼떨떨

했다. 동료 변호사를 보며 "지금 무슨 일이 일어난 거야?"라고 입 모양으로 속삭였고, 그 역시 믿을 수 없다는 듯 큰 웃음으로 대답을 대신했다. 내 옆에 말없이 앉아 있는 클라이언트에게로 눈을 돌렸다. 그의 눈에는 눈물이 가득 차 있었다. 그 순간 수많은 감정이 소용돌이치면서 코끝이 찡했다. '내가 변호사인데 여기서 눈물이 나면 어떡해!' 고인 눈물을 없애려 눈을 계속 깜빡거리며, 작게 심호흡을 하고 있는 클라이언트의 어깨를 말없이 꽉 쥐었다. 그의 어깨의 떨림은 백 마디 말보다 더 많은 것을 말하고 있었다.

법원을 빠져나와 근처 작은 펍에 가서 맥주 한 잔을 시켜놓고 조촐한 자축 파티를 하며 처음으로 클라이언트가 환하게 웃는 얼굴을 볼 수 있었다. 고맙다는 말, 내 인생을 바꿔주었다는 말, 자신을 살려주었다는 말만 연신 되풀이했다. 하지만 오히려 고마워해야 할 사람은 나였다. 클라이언트의 삶과 이 나라로 오기까지 그가 겪은 힘겨운 여정이 내 삶에 끼어들지 않았더라면 변호사로서 한 뼘 더 성장할 기회를 얻지 못했을 것이고, 내가 누리는 자유와 삶의 모든 것에 대한 감사함을 느끼지 못했을 것이다. 그의 용기와 인내에 박수를 보내는 작은 축하 파티를 마치고 다시 사무실로 돌아가는 길에 바라본 뉴욕 가을 하늘은 유난히 파랗게 빛났다. 무거운 서류 가방은 깃털처럼 가벼웠다.

내가 자라온 사회와는 너무도 다른 환경에서 힘들고 부조리한 일들을 경험한 클라이언트의 삶. 그리고 오늘도 목숨을 걸고 진실 규명을 위해 뛰어다니는 세계 곳곳의 저널리스트들. 내가 알지 못하는 세상과 시간 속에서 숱한 시련을 이겨내며 사명감을 갖고 일하는 사람들. 보지 못했던 그들을 비로소 조금은 마주할 수 있었다. 프로보노 케이스는 커리어에 대한 고민과 바로 눈앞에 닥친 자잘한 일상의 갈등에 집중되어 있던 나의 좁은 시각을 넓혀주었다. 그리고 내가 법을 공부하기로 결심했던 처음의 마음을 떠올릴 수 있는 시간을 선물해주었다. 시간이 지난 지금 생각해봐도, 고마워할 사람은 나였다.

자격에 대하여

로펌 변호사 3년 차. 이 시기에는 다른 로펌 포지션을 제시하며 이직을 부추기는 리크루터들의 전화가 사무실로 걸려오기 시작하고, 로스쿨 동기들이 하나둘 이직한다는 소식도 들려온다. 로펌 생활에 지치고 변화가 필요한 시점이기도 해서 어떤 옵션이 있는지 알아보기로 했다. 헤드헌터와 함께 다른 로펌을 알아보기도 하고 기업 법무팀에 지원도 해보고, 여러 분야의 국제기구에 기회가 있는지 살피기도 했다. 국제기구에서 일해보고 싶다는 막연한 생각은 있었지만 어디서 어떻게 시작해야 할지 몰랐고 자리도 그리 쉽게 나는 것이 아니어서 우선 폭넓게 구직 시장에 그물을 던져보기로 했다.

구직 정보는 회사와 타이틀, 업무 소개, 자격 요건, 이 세 단계로 서술되어 있었다. 업무 소개와 자격 요건을 집중적으로 살펴보다가 계속 이 질문이 머릿속에서 떠나지 않았다.

'난 과연 자격이 될까? 자격이라는 것은 도대체 무엇일까?'

자격 요건에는 특정 분야의 전문성과 다양한 업무 경력을 가진 사람, 그리고 상상할 수 없을 만큼 멀티플레이어에다가 모든 일을 다 완벽하게 숙지한 사람이 묘사되어 있었다. 나는 거기에 나열된 수많은 특정 업무 경험이 다 있을 리 없었고, 연차도 부족하고, 해당 업무 분야 법에 대해 전문가라 하기에도 애매했다. 지원서를 제출하기가 망설여졌다. '도대체 이런 자격을 다 갖춘 비인간적인 사람이 어디 있다고?'라는 삐딱한 생각이 들기도 했다. 과연 "Learn on the job(일하면서 배워라)"라는 말과는 대치되는 "이미 준비된 사람"이 세상에 존재하는 것이 가능할까?

우리 속담에 벼는 익을수록 고개를 숙인다고 했다. 겸손의 미덕을 전하는 속담이지만, 내가 고개를 숙인다면 다른 의미일 것이라는 생각이 들었다. 겸손이라기보다는 잘 해내지 못할 것이 두려워 몸을 사리는 이기적인 마음. 창피함을 피하고 곤란한 상황을 맞닥뜨리지 않겠다는 안일한 마음. 뭔가를 안다며 머리를 바짝 들고 있을 자격이 있나 하는 의구심 때문에 고개를 숙이는 부족한 마음.

자격에는 학위, 자격증, 스펙 같은 외적 장치와 더불어 스스로 무엇을 할 능력이 있다고 믿는 내적인 자기 확신도 포함된다. 자신감이 있다가도 가끔은 '내가 과연 이걸 해낼 수 있을까? 자격이 될까?'라는 의문이 들기도 하고, 경험을 쌓고 준비를 많이 한다 해도 남이 나에게 자격이 있다고 말해주기 전까지는 스스로의 능력을 의심하고 평가절하하기도 한다. 내가 이렇게 타인의 평가에 의존하는 사람이었나 싶어 때론 놀라기도 한다.

굳이 따지자면 태어나서 전문적으로 따놓은 자격증은 운전면허와 변호사 자격증뿐이다. 자격증이 있는 변호사 업무도 자격이 부족할까 봐 불안을 느끼기는 매한가지이고, 경력 20년이 넘는 운전 역시 사고와 실수를 범하기도 한다. 하지만 나는 지금까지 살아오면서 음반을 내고 공연과 방송을 하고 글을 쓰고 강연을 하고 여러 패널에 전문가 연사로 참석한다. 이제는 한 아이의 삶을 책임지는 엄마도 되었다. 누구도 내게 이런 일을 할 자격이 있다고 말해주지 않았다. 이 꿈을 꿔도 될까, 이 사업을 시작해도 될까, 승진에 도전해볼 자격이 되나, 이 포지션에 지원할 능력이 있나, 끊임없이 나를 의심하며 포기하기도 하고 그럼에도 불구하고 도전하면서 지금까지 왔다.

내겐 독특한 친구가 하나 있다. 허드슨강에서 서핑을 배우고 면역력에 좋다는 버섯을 출처가 의심쩍은 곳에서 구해 집에서 직접 키우는, 4차원적인 매력이 넘치는 친구다. 그녀는 홍콩에서 살다 이십 대 후반 의상 디자인 공부를 하기 위해 뉴욕에 왔다가 현재 남편을 만나 이곳에 정착했다. 영어도 네이티브와는 거리가 멀고 네트워크도 없는 미국에서 아이 둘을 낳고 몇 년 동안 육아에 전념하더니, 자신의 전공과 전혀 관련 없는 테크 회사에 입사해 마케팅 업무를 하고 있다. 그녀의 배경과 너무 동떨어진 직장에서 일하는 게 의아해서 물어보니 그녀는 원서를 넣을 때 수많은 자격 요건 중 딱 하나, 'Self starter(자발적인 사람)'를 충족했다고 웃으면서 말했다. 자신의 고유함과 어떤 일도 적극적으로 해낼 수 있다는 배짱 하나로 새로운 분야에서 커리어를 개척하고 있는 것이다.

작가 엘리자베스 길버트는 MFA in Creative Writing(우리나라로 치면 문예창작 석사) 과정을 수료하지 않았다. 대신 스스로 문예창작 석사 과정을 '디자인'하기로 결정하고 열심히 돈을 벌어서 2년 동안 여행을 다니며 닥치는 대로 글을 써서 온갖 출판사, 잡지사에 보냈다고 한다.

미국 패션 역사에 한 획을 그은 디자이너인 노르마 카말리는 저렴하게 해외여행을 할 수 있다는 특혜에 끌려 항공사에 입사했고 60년대 패션의 중심지였던 런던에서 독특한 디자인의 의류를 사서 뉴욕에 부티크를 열었다. 그리고 자신만의 감각으로 옷을 디자인하기 시작했다. 옷을 만들 자격이 될까 늘 의심하면서 언젠가 사기꾼으로 들통나지 않을까 항상 불안한 마음을 품고 일했다는 그녀는, 훗날 인터뷰에서 의상 디자인 공부를 전문적으로 하지 않아서 틀에 박히지 않고 자신의 직감을 따르는 것이 가능했다고 말했다.

〈레이디 버드〉와 〈작은 아씨들〉로 아카데미 감독상에 몇 안 되는 여성감독 후보로 올랐던 배우이자 감독인 그레타 거윅은 영화 각색과 연출을 전공하는 수많은 학교에 원서를 넣었다가 모조리 떨어졌다. 그래서 그녀는 영화 현장에 배우로 참여하며 어깨너머로 영화 연출에 대한 모든 것을 공부했다고 한다. 만약 그녀가 필름 학교가 자신을 안 받아줬으니 스스로 영화를 만들 자격이 없다고 생각하고 그만두었다면, 그녀 자신에게도 또 그녀의 작품을 향유하는 우리에게도 얼마나 큰 비극이었을까?

나는 이직하는 과정에서 약 서른 곳에 지원을 했고, 스물일곱 군데에서는 아예 답을 받지 못했다. 세 곳에서 면접을 봤고, 그중 한 곳에서 세 번에 걸친 면접 후 최종 합격을 했다. 내가 원하던 국제기구였다. 인사 담당 부서가 내세운 자격에 부합되지 않아 스물일곱 군데에서 탈락했을 수도 있고, 나보다 더 적임자가 있어 안 됐을 수도 있다. 이유는 셀 수 없이 많다. 하지만 여기서 중요한 것은 여러 다양한 시도를 하면서 조금씩 내 길을 구체화했다는 사실이다. 어차피 인생은 여러 문을 두드렸다가 가까스로 열린 문에 비집고 들어가서 악착같이 내 길을 파면서 나아가는 것이니까. 그렇게 쌓은 경험이 다음 도전에서 지금보다 한 단계 높은 자신감을 줄 수 있다면 그보다 더 큰 수확은 없다.

할리우드의 독보적인 크리에이터인 숀다 라임스(대히트를 친 미국 드라마 〈그레이 아나토미〉, 〈스캔들〉 그리고 넷플릭스 〈브리저튼〉의 크리에이터)가 〈포브스〉 지에서 주최하는 여성 콘퍼런스에서 한 말이 있다.

"멋지고 파워풀한 여성들이 흔히 외부에서 파워를 가져도 된다는 허락을 기다리다가 기회를 저버리는 일을 많이 봤습니다. 허락을 구하지 마십시오. 스스로 파워풀해지면 됩니다."

자격이 되지 않을까 봐 시도하지 못하는 것은, 내가 하고 싶은 일을 남이 허락해주기를 기다리는 행동과도 같다. 외부에서 정해놓은 자격 요건에 자신을 맞춰가려면 세월이 다 가도 충분히 갖추지 못할 것이다. 자격은 학위, 자격증, 경력, 남의 인정 등 외적 장치보다 내적으로 배우려는 자세와 노력, 자신을 믿는 태도 그리고 용기에서 만들어지는 것이라 생각한다. 자격의 의미를 다시 쓰면 된다. 한자로 '재물 자資' 대신 '스스로 자自'를 쓰고 '자리 격格'을 써보는 것이다. 스스로 자격을 만들어갈 수 있다는 것이 얼마나 희망적인가!

끝까지 해보는 건 어때?

1988년 겨울, 우리 가족은 아빠의 유학을 위해 미국으로 떠났다. 스물여덟 시간 동안 네 군데의 공항을 거쳐서 도착한 모건타운Morgantown은 마운틴 스테이트라고 불리는 웨스트버지니아주에 있는 소도시였다. 고층 건물이라곤 10층짜리 대학병원 하나뿐이었던 시골 느낌이 물씬 나는 그곳에서 나는 초등학교 시절을 보냈다.

우리가 살던 타운하우스 옆 작은 숲으로 통하는 공터는 나의 놀이터가 되었고, 도서관에서 빌려온 책 안에서 발견한 새로운 세계를 집 앞 숲에서 재현하면서 뛰어놀았다. 그런 자유로운 생활을 하다가 내가 6학년 때, 아빠는 박사 과정을 마쳤고 나는 부모님을 따라 한국에 돌아왔다. 지하철도 처음 타보고 스쿨버스가 아닌 그냥 버스도 생소했다. 하지만 그보다도 가장 어려웠던 것은 강압적인 분위기의 학교와 공부와 성적만을 강요하는 획일적인 환경에 적응하는 일이었다. 미국에서 누렸던 자유로움이 그리웠고, 무엇보다도 피아노에 일찍 재능을 보여 홀로 미국에 남게 된 소울 메이트였던 언니의 부재가 너무도 컸다. 열세 살이 되어서 처음으로 외로움의 감정을 만났다. 갓 시작한 사춘기의 혼란스러움에 새로운 환경과 문화가 더해져 답답함은 증폭되었다. 주체할 수 없는 감정을 해소하기 위한 출구로 곡을 쓰기 시작했다. 음악에 빠져 있는 순간만큼은 외롭지 않았다.

중학교 2학년이 된 1995년 가을, 신문에서 '청소년 창작 음악의 밤'이라는 가요제 공고를 봤다. 그 가요제 본선에 올라 텔레비전에 방송되던 내 공연을 본, 프로듀서이자 가수인 윤상 오빠와의 인연으로 가수 데뷔를 했다는 스토리는 수많은 인터뷰와 방송에서 공개됐다. 하지만 그 이야기의 핵심은 다른 데에 있다.

가요제에 나가기 위해서는 세 가지를 준비해야 했다. 자기소개를 위한 서류, 창작곡의 악보, 그리고 데모 테이프가 필요했다. 곡 쓰는 연습은 했지만 나는 한 번도 처음부터 끝까지 하나의 곡을 완성해본 적이 없었다. 평소에 습작하던 여러 멜로디 라인 중 가장 가능성이 있는 선율을 곡으로 완성해보기로 결정했다. 곡을 만들고 그 곡을 연습할 수 있는 도구는 미국에서 초등학교 때 쓰던 낡은 바이올린이었다. 바이올린으로 멜로디를 켜가면서 그 위에 노래를 입혀 나름대로 화음을 만들 계획을 잡았다. 학교 음악 시간에 쓰던 오선지 노트에 연필로 꾹꾹 눌러 악보를 그렸다. 지금 생각하면 너무도 옛스러운 아날로그 방식이지만 그때는 컴퓨터 프로그램으로 음악을 할 수 있다는 것을 알지 못했다.

몇 주 동안 학교 수업을 마치고 집에 뛰어와서 매일 곡을 쓰며 시간을 보냈다. 인트로, 첫 소절, 그리고 후렴은 그럭저럭 마음에 들었지만 브릿지 부분에서 막혀버린 나는 며칠 동안 이런저런 멜로디를 붙여보고 불러보고 녹음해서 들어보는 과정을 반복했다. 가사 붙이는 일도 예상보다 너무 어려웠다. 잠들기 전까지 영감을 받아 열심히 쓰다가 아침에 일어나 다시 읽어보고 공책을 찢어버리기 일쑤였다. 어느덧 서류 마감 날이 다가왔다. 여전히 노래의 브릿지와 가사가 마음에 들지 않았다.

“엄마, 진도가 안 나가. 그만둘까 봐.”

하소연하듯 엄마에게 툴툴거리면서 이야기했다. 엄마는 내 말을 듣고 가만히 생각하다가 말씀하셨다.

“소은아, 포기하고 싶을 때 한번 뛰어넘어보는 것도 아주 좋은 경험일 거야. 뭐가 됐든 끝까지 한번 해보는 게 좋지 않을까? 한 번도 이런 기회가 없었잖아."

엄마를 실망시키는 것을 싫어했던 성격 탓인지 오기가 생겼고, 좋든 말든 곡을 완성해보자고 결심했다. 마감 전날 밤, 여러 차례의 수정 작업 끝에 브릿지 멜로디를 완성했고 반복되는 후렴을 붙이니 제법 라디오에서 듣던 곡처럼 들리는 것 같았다. 서둘러 공책에 완성한 곡의 멜로디를 그려 넣고 대대적인 녹음 작업에 들어갔다. 바이올린 선율을 먼저 녹음했고, 그 녹음본을 틀어놓고 노래를 부르며 다른 카세트로 녹음을 했다. 너무도 원시적인 작업이었지만 그 당시 내가 가졌던 유일한 음악 장비를 최대한 활용한 방법이었다. 아빠에게 구해달라고 부탁한 노란색 마닐라 봉투에 내 소개를 적은 서류, 삐뚤삐뚤한 글씨로 그린 악보와 카세트테이프를 담았다. 그리고 마감 당일, 방과 후 지하철과 마을버스를 타고 당시 양재동에 있던 방송국에 직접 가서 서류를 제출했다.

그때는 '내 곡이 괜찮을까? 듣는 사람들이 비웃으면 어떡하지?'라는 고민은 전혀 하지 않았다. 내가 녹음한 데모 테이프가 얼마나 어설픈지, 수작업으로 그린 악보가 심사 기준에 맞는지에 대한 걱정도 없었다. 결과가 좋지 않을까 봐 두려운 마음 역시 없었다. 온전히 내 힘으로 곡을 완성해 써냈다는 사실이 기쁠 뿐이었다. 서류를 제출하고 일주일 정도 지났을까? 부모님과 저녁을 먹고 있는데 나를 찾는 전화가 왔다. 방송국 피디였다. 나중에 그분에게 들었는데, 수화기를 건네받기 전에 내가 너무 또렷하고 해맑은 목소리로 이렇게 말하는 걸 들었다고 한다.

"엄마, 나 떨어졌나 봐!"

결과적으로 나는 떨어지지 않았고 2차, 3차 오디션 역시 통과했다. 본선에 올라 전국에 방송되는 생방송 프로그램에 출연하면서, 그 공연을 본 윤상 오빠의 눈에 띄며 삶이 송두리째 바뀌어버렸다. 가끔 생각한다. "뭐라도 끝까지 해보는 것도 좋은 경험일 거야"라는 이야기를 엄마가 해주지 않았더라면 내 삶은 지금 어떤 모습일까?

작가 엘리자베스 길버트는《빅 매직》이라는 책에서 이렇게 이야기한다.

"Done is better than good."

무언가를 완성해내는 것이 잘해내는 것보다 중요하다는 말이다. 세월이 흐를수록 무언가를 시작하고 완성해내는 것이 어려워진다. 어릴 때는 별 생각 없이 하던 도전도 나이가 들면서 심사숙고 끝에 포기하는 일이 잦아진다. 생각만 하다가 결과를 보장할 수 없어 실행으로 옮기지 못하는 일도 흔해졌다. 'Good'인지 고민하다가 'Done'을 놓치는 것이다. 전보다 잃을 것이 많아서일까, 완벽주의 성향 때문일까. 더더욱 두려움이 많아진다. 모두가 앞서가는데 혼자 제자리에, 아니 오히려 뒷걸음치고 있나, 하는 생각이 들 때도 있다.

거리낌 없이 음악 공책을 찢어 연필로 악보를 그리고 화려한 장비 대신 순수한 열정으로 첫 데모 테이프를 완성한 어릴 때의 무모함과 용기를 다시 소환해보고 싶다. 그 시절의 내가 지금의 나에게 분명히 이렇게 얘기하고 있을 것이다.

"소은아, 너 뒤처지지 않았어. 그리고 뒤처졌다 해도 괜찮아. 그러니까 그냥 해. Get it done."

2 유연하게

삶의 Not to do list

2001년, 대학교를 갓 입학했을 때 한 학년 선배가 술자리에서 해준 이야기가 있다. 대학을 졸업할 때 평생 함께할 수 있는 선배 한 명, 후배 한 명만 있어도 성공적인 대학 생활이라는 말이었다. 스무 살 대학생으로서는 꽤나 성숙한 이야기였다. 사회에 나와서, 특히 외국에서 생활하며 문화와 사고방식이 다른 사람들과 일하다 보니 그 말이 새삼 더 와닿았다. 내가 맡은 업무 외에도 신경 쓸 일들은 점점 많아지고, 경쟁은 치열하고, 예상치 못한 사내정치에 부딪혀 고민하고 갈등하는 일이 비일비재하다 보니 좋은 동료 한두 명 만나는 것은 그야말로 행운 중의 행운이라는 생각이 들었다.

몇 해 전, 나는 뉴욕에서 새로운 소모임을 구성했다. 법조계, 비즈니스, 미디어, 이렇게 각기 다른 분야에 종사하면서 다양한 경험을 가진 여성 프로페셔널의 모임이다. 나이도 삼십 대 초반부터 사십 대 후반으로 폭이 넓고, 출신도 한국, 필리핀, 콜롬비아, 우크라이나, 브라질 등 가지각색이다. 우리 소모임의 목적은 네트워킹이나 비즈니스 개발이 아닌, 커리어를 개척하고 영위해 나가면서 생기는 고민을 함께하고 조언과 격려를 나누고자 하는 데 있었다. 한 달에 한 번, 출근하기 전 간단한 아침거리와 함께 커피를 마시면서 한 가지 주제를 정해 이야기를 나눈다. 리더십에 관한 좋은 글을 공유하고 그에 대한 의견을 교환하기도 하고, 건강한 삶을 살기 위한 아이디어를 주고받는다. 직장 생활을 하며 직면한 갈등 상황에 현명하게 대처하는 방법도 함께 모색한다. 돌아가면서 한 명씩 그달의 주제를 설정하고 이야기를 리드하는 역할을 맡는데, 한번은 'Not to do list'가 주제로 정해졌다.

현대인은 습관처럼 'To do list', 그리고 나아가서 'To be list'를 만든다. 오늘 해야 할 일, 내년까지 이루고자 하는 목표, 그리고 5년, 10년 뒤의 계획 같은 것 말이다. 이와 반대로, 하지 말아야 할 것들, 부질없는 고민, 버리고 싶은 습관, 갖지 말아야 할 태도, 되지 말아야 할 사람의 종류에 대해 생각해보자는 게 우리 주제의 핵심이었다.

생각을 주고받던 우리는 자연스럽게 '전문화'라는 주제로 넘어갔다. 우리는 성공을 위해 전문적인 지식을 최대한 빨리 습득해야 하고, 특화된 분야에서 제일가는 전문가가 돼야 한다는 압박을 받곤 한다. 이러한 외부의 기대와 압박에 영향을 받는 것을 'Not to do list'에 올리고 싶다는 데 입을 모았다.

멤버 중 한 명은 그녀가 즐겨 듣는 정치 팟캐스트의 정책 전문가의 인터뷰를 언급하면서 자신은 20년 동안 비즈니스에 종사했음에도 전문가라고 내세울 수 있는 특별한 지식이 있는지 모르겠다고 말했다. 그녀는 자신의 전문 분야는 강아지 돌보는 것밖에 없다는 농담을 하면서 웃었다. 우리는 각자의 경험에 비추어 의문들을 풀어놓았다.

'나는 과연 전문가라고 할 수 있는 분야를 찾았나?'

'제너럴리스트는 가치가 없는 것일까?'

'궁극적으로 내가 원하는 것은 무엇인가?'

우리의 대화는 점점 나아갔다. 남들에게 보이는 타이틀이나 업적에 치중하는 시각에서, 각자의 일과 그 가치에 대한 성찰과 점검으로 옮겨가는 것을 느낄 수 있었다.

현대인은 한 방향을 보며 나아가는 사고방식, 즉 '선형적 사고Linear thinking'에 익숙해져 있다. 시작점을 찍고, 그 점을 기준으로 왼쪽에서 오른쪽으로 직선을 그리며 우리 삶과 커리어의 방향을 잡는다. 이 패턴에서 벗어나면 바로 마음이 불편해지고, 왠지 모르게 잘못된 길을 가고 있는 것 같고, 실패할 것 같은 불안감이 찾아온다. 하지만 꼭 직선으로 나아가야 한다는 법은 없다. 때론 둥글게, 때론 오른쪽에서 왼쪽으로, 때론 새로운 점을 찍고, 때론 대각선을 그리며 가는 것이 우리의 삶일 텐데 말이다.

우리 모임의 대화가 처음에 정한 주제에서 너무 벗어난 것 같다고 말하며 다 같이 웃다, 정해놓은 주제의 범위 속에 있으려는 노력 또한 선형적 사고의 습관에서 비롯된 것이라는 생각이 들었다. 우리의 인생도 그날의 대화처럼 예상치 못한 다른 방향으로 흘러가기도 하고, 또 그로 인해 더 큰 가치를 발견하기도 한다. 시작은 'Not to do list'였지만, 우리는 그날 모임을 마무리하면서 훨씬 더 값진 깨달음을 안고 하루를 시작할 수 있었다.

점을 옮기고, 방향을 바꾸고, 속도를 변화시키고, 직선으로 쭉 뻗어 있는 길에서 벗어나도 좋다. 계획에 없던 다른 길로 들어서기도 하고, 비포장도로를 걷기도 하고, 잠시 멈추고 쉬어가기도 한다. 그래도 된다. 어쩌면 내가 되고 싶은 전문가는, 이런 유연함과 용기를 가진 열린 사고의 전문가일지도 모르겠다.

웃음 바이러스

변호사 4년 차가 되던 해, 로펌 생활을 정리하고 국제기구로 직장을 옮겼다. 내가 몸담은 국제기구는 각 나라별로 국제중재위원회를 가지고 있다. 국제분쟁법 전문 법조인들을 지역별로 선발해, 주목할 만한 판례와 국제중재법원의 중재법을 알리는 역할을 수행하는 일종의 대사들이다. 리더십 포지션인 만큼 위원회 임원이 되는 것은 상당히 매력적이어서 많은 법조인들이 선망하는 자리이다. 선발된 위원회 임원들과 협업하며 북아메리카 지역에 우리 기구의 분쟁 규칙과 절차에 대해 교육하는 일이 내 업무의 큰 비중을 차지했다. 위원회 임원들은 1년에 한 번 파리 본사에서 출장 온 총재와 사무총장, 그리고 북아메리카 지역 대표 변호사인 나와 함께 보드 미팅을 갖고, 미팅과 함께 동반되는 많은 행사의 주체가 된다.

입사한 지 3개월이 안 되었을 때, 보드 미팅과 만찬이 뉴욕에서 열렸다. 위원회의 뉴욕 임원은 자주 봐서 알고 있었지만, 다른 임원들은 샌프란시스코, 휴스턴, 마이애미, 애틀랜타, 시카고, 보스턴, 워싱턴, 덴버 등 타 지역에서 일하는 사람들이라 친분을 쌓을 기회가 없었다. 입사 후 첫 만찬을 앞두고 참석자 명단을 살펴보니 한두 명을 제외하고는 대부분 모르는 사람들이었다. 기구의 북아메리카 지부 부의장 변호사라는 직책을 맡고 처음으로 얼굴 도장을 찍는 중요한 자리인 만큼 잘해야겠다는 압박을 느꼈다. 위원회 멤버들의 얼굴과 이름이라도 미리 알아두면 도움이 되지 않을까 하는 생각에 참석자 명단에 명시된 이름과 사진을 열심히 보기 시작했다.

한꺼번에 스무 명이 넘는 사람들의 이름과 얼굴을 외우는 건 쉽지 않았지만 대강이라도 얼굴과 이름, 소속 기관, 특징, 출신 지역을 익혀놔야 수월하게 대화를 이끌어가고 강한 인상을 심어줄 수 있을 것 같았다. '그래, 소은아, 내일 무조건 적극적으로 먼저 다가가 내 소개를 하고 대화를 주도하자.' 스멀스멀 올라오는 나의 내향성을 차단시키고 완벽한 비즈니스 프로페셔널의 얼굴을 내보여야 한다는 비장한 각오로 만찬 참석 준비를 했다.

하필이면 폭설이 내리기 시작하는 어두컴컴한 겨울밤이었다. 강렬한 인상을 주기 위해 오랜만에 아이라인 메이크업까지 했는데 휘몰아치는 눈보라 때문에 얼굴이 젖었고 눈가가 촉촉해졌다. 분명 아이라인이 번져 너구리 같은 눈이 될 것이 뻔했다. '날씨가 왜 이래, 오늘 중요한 날인데'라고 툴툴거리며 레스토랑에 도착했다. 눈에 흠뻑 젖은 부츠를 벗고 따로 준비한 하이힐로 갈아 신고 있는데 눈에 익은 남성이 내 옆에서 코트를 벗고 있는 것이 아닌가. 곁눈으로 살펴보니 사진으로 열심히 공부한 샌프란시스코 대표였다. 오른쪽 부츠를 벗으며 스타킹에 구멍이 없길 바라는 마음으로 그와 눈을 맞추고 살짝 웃었다. 그는 내가 누구인지 알 리 없었지만 미소로 화답했다. 이름과 출신 로펌, 대표 사건까지 속속들이 미리 검토해서 알고 있었지만 한쪽 신발을 벗고 있는 이 타이밍에 반가운 척 인사하기에는 애매했다.

옷매무새를 가다듬고 눈 화장이 번지지 않았는지 확인한 뒤 만찬이 열리는 룸으로 들어갔다. 이미 열 명 정도 되는 임원들이 도착해 있었다. 미국의 디너파티는 바로 자리에 앉지 않고, 약 한 시간 정도 서서 와인이나 칵테일을 마시며 소개와 대화를 나눈 후 식사를 시작한다. 이런 자리에 올 때마다 빨리 편하게 앉아서 밥을 먹으며 이야기했으면 좋겠다고 생각했지만,

시간이 지나고 보니 최대한 많은 사람들과 자연스럽게 이동하면서 인사하는 데 가장 적합한 형식이라는 것을 알게 되었다.

다행히 미리 도착한 그룹 중에 아는 얼굴이 한 명 있었다. 로스쿨 시절 교수님이자 대형 로펌의 국제중재 팀장인 변호사가 시카고 지역 임원으로 활동하고 있었다. 학생 때부터 오래도록 친분이 있었기에 편안하게 다가가 반갑게 포옹을 했고, 그는 대화를 나누고 있던 다른 몇 명의 임원들을 소개해주었다. 비교적 수월하게 첫 스타트를 끊어서 속으로 '이쯤이야! 별거 아니네'라는 생각을 하며 내심 기분이 좋았다.

바로 그때, 빳빳하게 다려진 하얀 셔츠와 검은 조끼를 입은 중년 남자가 우리 곁으로 다가왔다. 위원회 명단과 얼굴을 열심히 공부했음에도 불구하고 그 남자 분의 얼굴과 이름이 도통 생각나지 않았다. '그래, 이럴 때는 내가 먼저 소개를 하고 대화에 참여할 수 있도록 자리를 마련해줘야지'라고 생각했다. 그간 네트워킹 자리에 참석하면서 터득한 방식을 활용해보겠다는 마음으로 활짝 웃으며 손을 내밀었다.

"안녕하세요, 저는 ICC 뉴욕 부의장 니콜 리라고 해요. 반갑습니다."

그 남자 분은 순간 놀란 표정을 지었다가 금세 장난기 가득한 얼굴로 내 손을 잡으며 대답했다.

"안녕하세요, 제 이름은 톰입니다. 저 역시 만나서 반가워요. 드링크 주문을 받으러 오긴 했지만, 어쨌든 소개해줘서 감사해요."

나와 함께 대화를 하고 있던 변호사들은 박장대소했다. 낯가림을 극복하기 위해 무조건 적극적으로 나서자고 스스로 세뇌했던 다짐은 음료 주문을 받으러 온 웨이터에게까지 이어진 것이었다. 너무 당황스럽고 창피했지만 주위를 둘러보니 다들 배를 잡고 드링크를 쏟지 않으려고 안간힘을 쓰며 웃고 있었다. 솔직히 나조차도 상황이 너무나 웃겼다. 알코올 때문인지, 창피해서인지, 심하게 웃어서인지 붉게 달아오른 얼굴을 한 나는 덩달아 웃을 수밖에 없었다.

"아! 그렇군요… 어찌 되었든, 반갑습니다. 그리고… 음… 화이트와인 한 잔 주시면 감사하겠습니다."

내 말에 다시 한번 웃음이 터졌다. 너무 큰 웃음소리가 났는지 다른 쪽에서 대화를 나누던 사람들도 우리 쪽을 호기심 어린 눈으로 바라보았다. 내 실수에 대한 이야기가 전해졌고, 웃음은 전염병처럼 룸 전체에 퍼져 나갔다.

내 의도와는 전혀 다른 방향으로 상황이 흘러갔지만, 의욕이 앞선 내 적극성이 초래한 실수로 그 자리에 있던 위원회 임원들과 손쉽게 아이스 브레이킹을 할 수 있었다. 만찬 이후에도 위원회 임원들과 협업할 일이 많았고 행사나 미팅에서 만날 일도 많았지만 그때마다 나의 웨이터 소개 사건(?)은 자연스러운 분위기를 만들어주는 촉매제가 되었다.

멕시코의 저명한 화가 프리다 칼로는 이렇게 말했다.

“웃음보다 더 가치 있는 것은 없다. 웃음으로 자신을 가볍게 놓아주는 것도 힘이다.”

새로운 환경에 적응하려는 노력과 일을 잘해내기 위한 노력도 중요하지만, 때로는 실수를 가볍게 웃어넘기는 유머가 더 큰 힘을 발휘하기도 한다. 숨기려 애써봤자 언젠가는 틈새로 새어나갈 나의 어설픈 허당기를 임팩트 있는 웃음으로 각인시켜놨으니 오히려 더 편한 마음으로 일할 수 있었다. 그래서 웃음은 힘이 되나 보다.

세상을 다시 배우다

사내정치에 입문하다

아리스토텔레스는 인간은 본질적으로 정치적 동물이라 했다. 어느 나라, 어느 분야를 막론하고 커리어를 쌓는 데 있어 많은 사람들이 어려워하는 것 중 하나가 사내정치와 관련된 문제다. 직장이나 조직에서의 생활은 구성원들과의 공적, 사적인 인간관계를 기반으로 하는데, 그 안에서 작동하는 정치적 현상을 통합적으로 사내정치의 속성으로 본다. 조직 생활에 있어 '어떻게 해야 한다'는 정답은 없다. 구성원들의 성향과 리더의 인격이 조직 문화를 만들고, 그에 따라 다양한 인간관계와 정치적 관계가 형성되기 때문이다.

돌이켜보면 고등학교 때 시작한 음반 활동 중에 겪었던 어려움의 큰 부분이 사람과의 관계에서 비롯된 걸로 보아, 당시에는 몰랐지만 그 사회 나름의 사내정치 상황 안에서 답답함을 느꼈던 것 같다. 소속사와 매니저와의 관계, 방송국 사람들과의 관계, 그리고 동료 아티스트 사이에서 파생되는 크고 작은 정치적 갈등들이 존재했다는 것을 시간이 지난 지금에야 비로소 인지하게 된다.

삼십 대 초반에 법조계에 들어와서 본격적으로 사내정치라는 개념에 대한 인식이 생겼다. 로펌과 국제기구에서 각각 매우 다른 양상의 사내정치를 맛보았다. 주니어 변호사로 시작한 로펌 생활 초기 몇 년간은 묵묵히 일을 배우며 케이스에 집중했다. 새로운 커리어의 시작 단계에서 가장 좋은 정치 전략은, 일을 잘해서 인정받는 것이라 생각했다. 그 생각 덕분인지 촘촘히 짜인 케이스 스케줄과 데드라인에 늘 쫓기기는 했지만 정치적인 플레이로 크게 고생하지는 않았다. 운 좋게 좋은 팀원들을 만난 덕분에 내가 처리한 일을 가로채이거나 일이 잘못되었을 때 비난의 화살을 받는 일도 드물었다. 선배들은 늘 팀 전체 이메일에서 "니키의 리서치 덕분에 결론은 다음과 같이 내립니다"라며 개인의 수고를 늘 공개적으로 인정해주었다. 내가 선배의 입장이 되었을 때 역시 이 같은 방식으로 대처했다. 팀의 사기를 북돋워주고 좋은 동료가 되는 가장 쉬운 방법은 남의 공을 인정해주는 것이다.

물론 로펌에서도 3년 차 이후부터는 나에게 부과되는 책임이 더 무거워졌고, 중요한 케이스에 많은 변호사가 투입되면서 규모가 커진 팀 안에서 동료들 간의 미묘한 신경전이 나타나기도 했다. 예를 들면, 한 사건에서 각자 책임지는 부분이 다른데 다른 변호사의 공을 교묘하게 자신의 것으로 포장해 상사에게 보고하거나 자신의 일을 슬쩍 남에게 떠넘기는 식이었다. 케이스가 진행되면서 중요한 일에 참여할 기회를 얻는 것 역시 파트너 변호사나 클라이언트와의 관계가 긴요하게 작용했는데 그런 관계 맺음에서 스멀스멀 정치적 영향력이 발휘되기도 했다. 시니어 연차로 넘어가면 소위 말해 '라인을 잘 타야' 하고 승진과 관련된 정치가 더욱 심해진다고들 하는데 이런 부분들은 경험하지 않고 로펌을 떠났다.

그러나 국제기구에 입사하자마자 내가 더욱더 낯선 세계에 들어왔음을 직감했다. 내가 일한 곳은 파리에 본부를 두고 뉴욕, 상파울루, 싱가포르, 홍콩, 상하이, 두바이 등 세계 곳곳에 지부를 둔 100년의 역사를 자랑하는 국제기구였다. 국제중재 관련 법률 분쟁 업무뿐 아니라 국제무역, 환경 보존, 성 평등 등 여러 이슈에 대한 정책 연구를 하고 국제 상업과 정책 분야에서 일하는 직원이 무수히 많았다. 이직 준비를 했을 때는 내가 관심 있던 다양한 이슈를 다루는 곳이어서 매력이 있었지만,

막상 들어와 보니 생각했던 것보다 조직이 방대하고 부서들이 전문적으로 세분화되어 있다는 사실을 깨달았다. 다양한 경험을 할 수 있으리라 기대했지만 담당한 일 외에는 기구가 추진하는 다른 여러 프로젝트에 참여할 기회가 적어 아쉬움을 느꼈다.

그곳에서 나는 사내정치라는 차갑고 딱딱한 벽에 매일 머리를 부딪치는 소용돌이를 겪으며 몇 년을 보냈다. 전 직원이 몇천 명이 넘는 조직에서 거미줄처럼 무수히 얽힌 복잡한 관계를 풀어나가는 것은 어려운 일임에 틀림없다. 작게는 매일 이메일로 소통하는 사람들과의 관계에서부터 크게는 승진을 비롯한 커리어의 기회를 잡는 과정에 이르기까지, 맨땅에 헤딩하며 사내정치의 실체를 마주했다. 상사와의 관계뿐 아니라 동료와 후배, 일과 직접적으로 관계 없는 타 부서 동료, 협업하는 외부 기관과의 관계 역시 사내정치 범위에 포함되는 낯선 신세계에 백지상태로 성큼 들어선 것이었다.

◦ 소통하는 법을 다시 배우다

국제기구는 전형적인 관료제다. 주 업무가 소송 사건과 관련된 일인 로펌과 달리 국제기구에서는 법무 외에도 시스템이 요구하는 다양한 일을 해야 했다. 때로는 프로젝트의 주제인 법적 이슈에 대한 전문가가 되어야 했고, 꼭 필요한 인력을 동원하기 위해 세계 각 대륙의 법조인과 소통해야 했고, 원활한 진행의 필수 요소인 자금 조달을 온전히 도맡아 해야 했다. 국제법을 다루는 미디어와의 소통도, 스피치 라이터로서 연설문 작성도 내 몫으로 돌아왔다. 한번은 중요한 행사가 열릴 호텔의 대관 비용 가격 협상까지 해야 했다. 이렇듯 업무의 종류와 범위에는 제한이 없었다.

그중 내게 가장 큰 도전은 커뮤니케이션이었다. 이 거대한 조직은 문화와 언어, 인종이 저마다 다른 다양한 구성원으로 이루어져 있었고, 그만큼 일 처리와 소통 방식에도 차이가 있었다. 또한 내부의 행정, 재정, 마케팅, 커뮤니케이션 담당자뿐 아니라 외부 기관과 소통하는 업무는 내가 익숙했던 로펌에서의 일과는 확연히 달랐다. 이메일 한 통을 쓸 때도 적절한 톤을 찾기 위해 고민해야 했고 단어 선택에도 전략이 있어야 했다. 정치적인 멘트를 가미해 한발 미리 앞서가야 한다는 사실도 뒤늦게 깨달았다.

입사 후 낯선 세계에서 힘겨워하는 내가 안쓰러워 보였는지 친절한 동료가 해준 이야기가 있다.

"여기 방식에 익숙해지려면 최소한 1, 2년이 걸릴 거야. 시간이 지나고 이제야 좀 알겠다 싶으면, 퇴사를 할 타이밍이지."

시간이 지나서야 동료의 말뜻을 이해할 수 있었다. 수많은 구성원들의 역학 관계를 이해하고 책임자와 실세가 누구인지 파악하고 기구의 문화를 익히는 데는 시간과 인내가 필요했던 것이다. 하지만 나는 초반부터 내 입지를 다지고 여러 아이디어를 실행에 옮기고 싶어 바로 시동을 걸었고, 가는 곳마다 막히는 현실에 혼란스러웠다. 고지식하고 나이브한 성격 또한 도움이 되지 않았다. 생전 해보지 않은 업무를 해내야 하는 어려움보다 거대한 조직에서 정치적인 관계를 이해하고 풀어가는 것이 더 큰 난관이었다. 그 문제를 풀어가기 위해서 가장 먼저 터득해야 하는 것은 '효과적으로 내 목소리를 내는 법'이었다. 그렇게 나의 정치 수업은 시작되었다.

◦ 확실하게 기록으로 남겨라

국가와 시간대가 다른 본부와 전 세계적으로 흩어져 있는 지부와의 소통은 주로 이메일로 이루어졌다. 외국은 철저한 이메일 문화다. 개인 메시지 서비스를 많이 사용하는 우리나라 직장 문화와는 달리 모든 업무를 이메일로 처리한다. 단답형의 이메일이 5분 안에 스무 통 넘게 오고 가기도 한다. 이메일을 통한 소통은 나중에 필요할 때 검색하기에도 편하다.

이메일로 여러 사람과 일을 할 때 분명히 챙겨야 할 부분을 'CYA'라고 한다. 속된 표현으로 'Cover Your Ass(본인 엉덩이는 본인 스스로 가려야 한다는 의미의 표현)'의 줄임말인데, 일이 잘못되었을 때 부당한 일을 당하지 않기 위해 자신을 보호할 수 있는 장치를 충분히 마련해두라는 의미이다.

사내의 여러 부서뿐 아니라 다양한 기구 및 로펌과 협업하는 과정에서, 일의 절반 이상을 차지하는 부분은 프로젝트 구성원들을 리드하고 팔로우업하는 것이었다. 기구의 대표로 일한다는 것은 일의 결과에 대한 책임을 진다는 의미이기도 했기에 혹시나 일의 진행이 더뎌 데드라인을 놓칠 것을 대비해 내 책임을 다했다는 것을 명백하게 증명할 수 있는 자료를 만들어놔야 했다.

예를 들면, 이메일을 쓸 때 'as we discussed over the phone(통화에서 논의했듯이)'라는 표현을 써서 명백하게 소통했던 내용을 문서화하고, 약속 혹은 데드라인을 분명히 명시한다. 그리고 상대방이 책임지기로 한 부분에 대해서는 'thank you again for agreeing to~by [date]'라고 감사의 표시와 함께 책임을 확실시하는 방식으로 문서화한다. 그리고 일의 진행 상황을 꼼꼼하게 팔로우업했다는 것을 기록으로 남겨놓아야 나중에 괜한 화살이 돌아오지 않는다. 모든 일 처리를 이런 방식으로 임해야 한다는 게 피곤하기도 했지만, 추후에 일이 잘못되었을 때 좋은 증거가 되기 때문에 꼭 필요한 과정이었다. 초반에 순진하게 대처했다가 상대방은 발뺌을 하고 나는 데드라인을 놓쳐 억울하게 잘못을 뒤집어쓴 적이 있어 이 부분에 더더욱 신경을 썼다. 수신인과 참조인을 누구로 하느냐에도 고민과 전략이 필요했다. 그 리스트에 누가 있느냐에 따라 일 처리의 방식과 순서가 확연하게 달라졌기 때문이다.

그뿐만이 아니다. 본사 사람들과 아무런 관계 형성이 되지 않은, 새로 입사한 지부 변호사인 내 이메일에 제대로 답장을 해주는 사람은 없었다. 중요한 자료를 전달받기 위해 수십 통의 이메일을 보냈음에도 불구하고 아무런 답을 얻지 못한 나는 조직도를 살펴 관련 부서 리스트를 만들어 한 명씩 통화를 했다. 여러 명의 직원과 똑같은 말을 되풀이하다가 그중 한 명이 담당자임을 확인하고 가장 긍정적이고 활기차게 통화를 시도했다.

"전화로라도 만날 수 있어서 반가워요!"

물론 첫 반응은 '도대체 넌 누구니?' 하는 달갑잖은 대답이었지만 물고기의 입질을 감지한 낚시꾼처럼 상대의 반응에 집중했다.

"지금까지의 도움 너무 감사해요. 제가 메일로 보낸 요구사항에 대해 혹시 궁금한 점이 있을까 봐 전화드렸어요."

상대가 내 이메일에 답하지 않았음을 친절하게(?) 상기시키고, 내 요구 사항을 다시 말한 후, 통화를 마친 뒤 감사의 인사와 더불어 개인적으로 나눈 이야기를 조금 덧붙여 메일을 보내면 2주 동안 구하려고 안간힘을 쓴 자료가 10분 만에 날아오기도 했다. 이렇게 부서별로 한 사람씩 한 사람씩, 멀리서나마 내 편으로 만드는 작업을 했다. 이렇게까지 시간과 공을 들여야 하는 상황에 때로는 짜증이 나기도 했지만 일에 개인감정을 이입하지 않으려 노력했다. 유쾌한 과정은 아니어도 오직 하나의 목표만 생각했다. 업무 이행, 일이 되게 하는 것 말이다.

세상을 다시 배우다

프로젝트 매니저가 되다

20년 전, 가수 생활을 할 때 나는 늘 매니저와 동행했다. 매니저는 앨범 콘셉트와 홍보 전략에서부터 스케줄 관리, 밴드, 스타일리스트, 헤어 메이크업 등 전체 스태프와의 소통, 방송국 사람들과의 협의, 진행비 관리, 개런티 협상, 그리고 가수인 내 컨디션 관리까지 자신의 몫으로 여겼다. 시간이 지나고 나서야 그 일이 얼마나 어렵고 대단한 것이었는지 깨닫게 되었다. 여러 방향으로 수시로 움직이는 퍼즐의 조각을 맞추는 능력, 각기 다른 이해관계를 가진 수많은 사람들을 지혜롭고 효과적으로 관리하는 능력이 요구되는 일이었다.

로스쿨과 로펌에서 자주 듣던 말이 있다. "변호사는 관리하는 능력을 키워야 한다. 개인의 전문성과 지식의 양과는 별개로 진짜 훌륭한 관리자는 드물다." 법률 지식을 이용해 사건의 디테일을 파악하는 능력과 사건에 필요한 수많은 사람들과의 관계를 관리하는 능력은 분명 다르기 때문이다. 나는 국제기구에 와서 중재 전문가로서의 법률 지식보다 일과 사람을 관리하는 매니저로서의 능력을 길러야 했다. 그 과정에는 숱한 시행착오가 기다리고 있었다.

◦ Sorry, sorry, sorry

우리나라 인기 아이돌의 히트곡 중 〈쏘리 쏘리〉라는 곡이 있다. 입사 초반에 적응되지 않는 조직 문화와 이해할 수 없는 일 처리 방식으로 인해 괴로워하는 나를 보고, 파리 본부에서 10년 정도 일하다 나와 같은 시기에 뉴욕 지부에 합류한 비즈니스 디렉터가 해준 조언이 있었다.

"내가 팁 하나 알려줄게요. 내가 파리에 처음 갔을 때 초반엔 여기저기 찾아가서 'sorry, sorry, so sorry'로 모든 대화를 시작했어요. 한 6개월 동안은 사과만 하고 돌아다닌 것 같아요. 너무 미안한데 이걸 좀 도와줄 수 있겠어요, 라는 식으로요. 처음엔 차가워도 한번 마음을 열면 냉소적인 말투 뒤에 따뜻함이 있어요. 당신을 한번 좋아하면 무슨 방법으로든 뭐든지 다 도와줄 거예요. 마음이 열릴 때까지 계속 두드려요."

동료의 조언을 들었을 때, 각자가 맡은 일을 하는 것뿐인데 왜 내가 미안하다는 표현을 해야 하는지 화도 나고 자존심도 상했다. 프로페셔널 여성들이 지나치게 사과를 많이 해서 직장 내에서 파워를 잃는다는 조사 결과가 있다. 의견을 개진할 때도 습관적으로 "I'm sorry, but I disagree"라는 말을 유독 많이 한다는 것이다. 좋은 기회에 참석하게 된 리더십 강연에서 '정말 미안한 일이 있을 때만 사과하라, 다른 의견을 얘기하는데 미안해할 필요가 없다'는 조언을 들은 이후로 다른 의견이 있을 때는 "의견 감사합니다. 저는 그와는 다른 의견인데요…" 라고 말했고, "죄송하지만 그 자료를 보내주시겠어요?"가 아닌 "그 자료를 보내주시면 감사하겠습니다"라는 능동적인 표현을 쓰려고 의도적으로 노력해왔다. 생각해보니 가수 활동을 할 때도 매니저가 방송국과 스케줄 조정을 할 때 너무 낮은 자세로 "죄송하지만 이렇게 해주시면 안 될까요?"라고 말하는 것을 듣고 "이렇게 맞출 수 있을까요?"라고 말해달라고 매니저 오빠에게 부탁한 기억이 있다. 그때부터 의도적인 단어 선택이 얼마나 중요한지 늘 생각해온 것 같다. 그런 내게 '쏘리 쏘리'로 대변되는 동료의 조언은 받아들이기 쉽지 않았다.

하지만 지속적으로 소통이 막히는 상황에 놓이다 보니 내 일을 효율적으로 처리하기 위한 방법 중 하나로 적용해봐야겠다는 생각이 들었다. 기 싸움에 지지 않으려 강하게 요구하는 자세가 아닌 도움을 구하는 마음가짐으로의 전환은 내 목적을 달성하기 위해 기꺼이 시도해볼 만한 가치가 있다고 판단했다.

입사하고 첫 파리 출장을 가서 본사에 머무는 일주일 동안 매끼 식사를 다양한 부서 사람들과 함께했다. "도움을 줘서 정말 너무 고마워요. 당신은 여기에서 경험이 많으니까요. 앞으로도 잘 부탁해요"라며 대화를 풀어나갔다. 사실 사람들과의 관계 형성만을 목적으로 한 만남이 익숙하지는 않았지만, 뉴욕으로 돌아갔을 때 본사와의 협업이, 그리고 내 삶이 훨씬 수월해질 것이라는 사실은 분명했다.

사내정치의 기본은 인간관계다. 내 기준과 방식을 정해놓고 상대를 보면 마음에 들지 않는 것투성이고 불만이 쌓이기 시작하면 끝이 없다. 먼저 손을 내밀고 커뮤니케이션 채널을 열기 위해 내 기준을 조금 완화하는 노력을 하면 100퍼센트 효과는 아닐지라도 관계가 개선된다. 나는 미안하다는 사과 대신 작은 도움에도 고마움을 깊이 표현하는 것으로 관계 맺음을 하기 위해 노력했고, 효과는 놀라웠다. 누군가를 도와준다는 기분을 싫어하는 사람은 거의 없다. 고맙다는 인사를 싫어하는 사람 역시 없다. 이길 수밖에 없는 게임이었다.

◦ 내 가치 높이기

영어 표현 중에 'what you can bring to the table'이라는 말이 있다. 내가 이 테이블에 가져올 수 있는 것, 내가 기여할 수 있는 방법을 내세우는 것이 가장 기분 좋은 정치 플레이가 된다는 것을 종종 경험했다.

변호사들은 대개 법률 저널 등 다양한 매체를 구독하며 판례와 케이스 소식을 받는다. 업계 동향을 파악하고 자기 분야의 새로운 이슈를 늘 업데이트하기 위해 반드시 해야 하는 공부이다. 내가 기구에 있을 때 지부의 변호사들은 국제중재 관련 매체 여러 개를 구독하며 뉴스를 전송받았다. 하지만 나는 국제중재, 국제법 분쟁뿐 아니라 내가 평소에 관심이 많은 테크 기업에서 일어나는 법률 소식과 스타트업, 환경법 관련 뉴스를 구독해 보았다. 이건 순수하게 개인적인 관심을 충족시키기 위해서였다.

하지만 그런 뉴스를 계속 접하다 보니 기구에서 진행하는 다양한 프로젝트에 적용할 수 있는 새로운 발상이 떠올랐다. 특히 테크 기업과 새로 떠오르는 스타트업에서 일어나는 움직임에 대한 지식을 바탕으로 본사 리더십(조직의 간부, 임원을 '리더십'이라 총칭한다)과의 회의에서 아이디어를 제안하게 되었다. 국제중재에 집중하는 전문가들에게 나의 시각이 신선하게 다가갔던 것 같다. 어느새 테크 기업이 모여 있는 큰 시장인 캘리포니아에서 기구의 행사나 미팅이 잡히면 내가 참석해 리드해야 한다는 분위기가 조성되었고, 실제로 실리콘 밸리에서 중요한 미팅이 잡힐 때마다 발표를 도맡아 하게 되었다.

사실 그 분야에 흥미와 호기심이 있었던 것이지 특별한 지식이 있었던 것은 아니었다. 하지만 그쪽 업계에 대한 정보가 많다는 이미지에 부응하기 위해 자료를 찾고 공부를 하다 보니 나름 지식도 쌓였고 자연스럽게 그 분야 변호사들과 인연이 닿았다. 거대한 테크 기업에서부터 신흥 스타트업까지 여러 곳에 문을 두드렸고, 그중 몇 군데와 협업할 기회를 얻기도 했다. 기구 입장에서는 매우 반가운 발전이었다. 의도한 일은 아니었지만 사무총장을 비롯한 본사의 리더십이 나의 아이디어를 기대하고 신뢰하는 경험을 하게 되었다. 나도 모르는 사이, 내가 테이블에 가져올 수 있는 독특한 가치를 인정받게 된 것이다.

우리 모두 각자의 유니크함이 있다. 관심과 흥미를 바탕으로 형성된 유니크함으로 지금 내가 하는 일을 더 잘할 수 있는 방법이 무엇일까 생각하다 보면 새로운 길이 보인다. 그 길 위에서 노력하다 보면 내가 속해 있는 조직뿐 아니라 나 자신에게도 상호 도움이 되는 지점이 나타난다. 나에게는 이보다 더 자연스럽고 편안한 정치 플레이는 없었다.

◦ 어떠한 상사를 만나더라도, 일이 되게 하라

어느 조직이나 마찬가지이겠지만, 내가 일하던 곳도 책임자의 관리 방식에 따라 일이 진행되는 과정이 확연히 달라졌다. 제한된 자치권을 지닌 지부에서 본부의 여러 책임자와 함께 일하다 보니 극과 극의 성격과 스타일을 경험하게 되었다.

처음부터 끝까지 세세하게 관리하는micro-manage 스타일의 상사가 있을 땐 크고 작은 모든 일을 일일이 승인받아야 했다. 지부에게 자치권을 주면 훨씬 수월하고 효율적으로 일 처리를 할 수 있다고 수시로 의견 개진을 했지만 크게 달라지진 않았다. 비효율적으로 일하며 수시로 치밀어 오르는 답답함을 혼자 억눌러야만 했다.

같은 시기에 또 다른 책임자는 완전히 상반되는 성향을 가지고 있었다. 브리핑을 하고 의견을 요청해도 '알아서 하세요' 분위기였다. 너무 관심이 없는 스타일의 상사도 어렵기는 마찬가지이다. 특히 기구와 협업하는 외부 주요 인사들은 책임자와 직접 대면하기를 바라는데 책임자가 관심이 없을 때는 중간에서 너무도 곤란하다. 일을 진행하면서 책임자의 무심함을 커버하는 역할까지 해야 해서 완전히 다른 방식으로 머리를 써야 했다.

또 한번은 업무나 지위, 평판 모든 면에서 탁월한 분과 일을 하게 되었다. 나와 코드도 잘 맞아 일을 하면서 참 즐거웠는데, 한 가지가 문제였다. 일의 진행을 위해 논의해야 할 것들이 많았는데 정말이지 너무 연락이 닿지 않는 것이었다. 메일 스무 통을 보내면 한 달이나 지나서야 한꺼번에 답하는 스타일이었다. 기구 특성상 업무 단계마다 승인이 필요해서 그와 중요 프로젝트를 완수하기 위해서는 뻔뻔하게 나가는 방법밖에는 없다는 생각이 들었다. 나는 하루도 빠짐없이 메일을 보냈고, 볼드체로 제목을 달면서 각 메일에 번호를 매기기 시작했다. 물밑 작업으로 그의 비서와 좋은 관계를 형성하기 위해 애를 썼고, 그녀에게 전화를 걸어서 내가 보낸 수많은 메일을 순서대로 프린트해서 노란 포스트잇으로 표시한 다음 책상 한중간에 놓아달라고 부탁까지 했다. 내가 할 수 있는 방법은 다 동원한 셈이었다.

여러 스타일의 상사를 만나며 최상의 방책을 찾기 위해 책을 찾아 읽기도 하고 지인들에게 조언을 구하기도 했다. 결국 내가 택한 방식은, 상사의 성향을 파악한 다음 그 상사와 내가 효율적으로 일할 수 있는 중간 지점을 찾기 위해 여러 시도를 하는 것이었다. 세심하게 체크하는 스타일의 상사에게는 나를 믿고 일을 맡겨도 된다는 신뢰도를 높이기 위해 노력했다. 유럽과 달리 판례 중심의 법체계인 미국에서 일어나는 분쟁, 그리고 북미 시장과 문화, 기업과 정부의 움직임에 대해서만큼은 내가 전문가라는 것을 강조했다. 그렇게 말을 해놓고는 전문가다운 모습에 가까워지기 위해 수습하느라 바빴지만 어느 정도 전략은 통했다. 일에 무관심한 상사의 경우에는 질문하지 않더라도 내가 브리핑할 정보를 꼬박꼬박 보고하고 이를 문서 기록으로 남겨놓았고, 중요한 이해 관계자들과의 소통 채널을 억지로라도 열어 일이 진행될 수 있도록 했다.

다양한 상사를 만나면서 오직 하나의 생각뿐이었다.

'내 일만 하자.'

사실 목표는 명확하다. 일이 되게 하는 것. 내 일을 잘하는 것. 마음을 다스리기 위해 나만의 주문처럼 반복한 혼잣말도 있다.

"할 수 있는 건 다 해보고, 그래도 안 되면, 그건 내 문제가 아니야. 내 문제가 아니야."

◦ 갈등과 충돌은 피할 대상이 아니다

국제기구 입사 2년 차가 되던 해에 나는 국장대행 자리를 맡았다. 내가 실행하는 리더십이 현장에서 어떻게 드러날지에 대한 기대와 우려 속에서 힘겨운 몇 달을 보냈다. 많은 선배들에게서 후배 관리가 더 어렵다는 이야기를 들어왔는데, 경력이 쌓이면서 그 말이 무슨 뜻인지 알 것 같았다. 특히나 다른 사람들이 많은 업무와 책임감 사이에서 지쳐가고 있을 때, 온갖 사내정치에만 열을 올리는 후배를 바라볼 때는 마음이 착잡해지는 건 어쩔 수 없다. 나의 리더십에 대한 고민과 인간관계에서 오는 갈등, 일하는 방식과 문화 차이로 인한 충돌, 본부와 지부 사이의 괴리로 벽에 부딪치는 업무들…. 골머리를 앓다 보면 먼저 인내심이 바닥난 이들이 하나둘 조직을 떠나고, 동료가 떠나는 모습에 나 또한 이직을 고민하는 날이 많아졌다.

그즈음, 이직에 관한 리서치를 하던 중 〈포브스〉 지에서 커리어에 대한 에세이를 읽었다.

"현재 자신의 위치에서 심하게 불행해질 때까지 기다리지 말라. 무엇보다도 현재의 상황을 개선할 때까지 떠나지 말라. 현재 있는 곳에서 힘과 자존감과 자신의 목소리를 되찾아라. 깨진 관계를 개선하고 실력을 증진시킴으로써 현재 상황에서 한 발 나아가는 노력을 하라. 그렇게 하고 떠나야만 명확하고 합리적인 선택을 할 수 있고, 한 단계 더 높은 성공을 향해 나아갈 수 있다."

커리어를 바꾸거나 이직을 고민할 때 꼭 명심해야 하는 것들에 대한 에세이였다. 삶은 나에게 필요한 메시지를 적시적소에 전달해주는 것일까? 이 구절을 읽고 나는 정신이 번쩍 들었다.

사무실에서 이력서를 업데이트하며 떠날 기회를 노리는 내 마음과 솔직하게 마주했다. 갈등이 힘들어서, 복잡한 여러 일로 마음이 괴로워서 피하고 싶었던 것이다. '지금 아무리 괴로워도 내가 처한 이 상황에서 내 힘을 다시 일으켜 세워야 해. 내 목소리를 찾고, 깨진 관계를 개선하고, 능력을 키우기 전까지 떠나선 안 돼'라는 결심이 섰다. 권력 싸움의 소용돌이 속에서 불리한 입장과 상황을 회복하지 못한 채 떠난다면, 패배 의식이 앞으로도 나를 불편하게 할 것이다. 나는 팀 리더로서 능력을 키우고, 중재 분야의 법을 공부하고, 사기가 떨어진 조직 문화를 개선하고, 나를 걸고넘어지려는 사람들과의 관계를 회복하는 데 우선 집중하기로 했다.

이미 만들어진 관계를 개선하는 것은 쉽지 않다. 관계 맺음이 특별히 힘들었던 한 후배가 기억에 남는다. 그녀는 전임자의 막강한 지지를 받고 있었기에 후임이 된 내가 눈엣가시였다. 전임자의 의사 결정에 영향을 미치고 뒤숭숭한 조직 분위기 한중간에 있었던 그녀는 승리를 갈취당한 선수마냥 억울함을 내비쳤다. 팀 미팅이나 행사 때마다 업무에 집중하기보다는 자신만의 목적을 가지고 나와 충돌했다. 1년이 넘도록 나의 존재를 부정하려 하고 자신의 이익에만 몰두하는 그녀의 행동에 화가 나는 한편 안타깝게 느껴지기도 했다.

우리는 무엇을 위해 이토록 치열하게 일하고 아파하는 것일까? 누구를 위해 이런 스트레스를 감당하며 살아가는 것일까? 그 후배도 나처럼 한 집안의 귀한 자식일 테고, 열심히 공부하고 성실히 일했으며 꿈과 목표를 갖고 살아왔을 텐데…. 나는 그녀를 이해하고 싶었다. 그녀가 승승장구 나아가길 바라는 길에 걸림돌이 아니라 그녀와 우리 모두에게 도움이 되는 업무 환경을 만들자고 결심했다. 그녀가 가진 불안감과 거북함을 제거해주기 위해 나는 수시로 대화의 자리를 만들고 의견을 교환했다. 업무 역할을 공고히 하고 편견 없이 대하고 업무 과정에서 보여주는 이해력과 민첩함에 대해서는 칭찬과 격려를 아끼지 않았다. 시간은 걸렸지만 조금씩 관계가 개선되었고, 어느새 후배는 나에게 커리어에 대한 조언을 구하고 개인적인 고민을 털어놓기 시작했다. 우리의 첫 시작을 되새겨보면 실로 놀라운 변화였다.

사람들과의 충돌과 갈등 안에서 조화와 일치를 이끌어내는 것은 나에게 절대 쉬운 일이 아니었다. 그 안에서 맡은 업무를 완수하고 능력치를 키우는 일 또한 매번 나의 한계에 도전하는 일이었다. 하루도 빼놓지 않고 스스로에게 '이게 맞는 건가'라는 질문을 던지며 괴로워한 기간도 길었다. 하지만 이 모든 경험들은 나에게 보물 같은 기회였고, 그 기회는 내 마음을 다스리는 데에서부터 시작된다는 것을 이해하게 되었다.

갈등을 피하거나 싸움에서 이기려는 자세보다 내 생각의 단면을 바르고 정확하게 벼리는 데 집중했다. 갈등도 충돌도 내 리더십을 훈련하는 도구 역할을 해주었다. 그 결과로 나는 내 안에서 나오는 힘과 자신감의 위력을 경험했고, 때가 되었을 때 당당하게 떠날 수 있었다.

◦ 나는 아직도 답을 찾는다

사내정치. 무수하게 들어온 말이지만 나는 순진하게도 백지상태로 출발했다. 전략도 기술도 제로였다. '정답이 없다'는 명료한 말이 나에게는 더 애매하고 모호하게 다가왔다. 그러나 지금 나는 이렇게 말하고 싶다. 사내정치의 답은 있다. 물론, 세상의 다른 많은 일들과 마찬가지로 한 가지 정답이 통용되는 것은 아니다.

자신이 속한 조직에서 무엇을 얻길 원하는지 냉정하게 자가진단을 할 필요가 있다. 한 조직에서 계속 승진하길 바라는 사람과 경험을 쌓고 그 경험을 발판으로 다른 시도를 하려는 사람의 정치 전략은 다를 수밖에 없다. 나는 후자임이 분명했고, 여러 상황에 나를 노출시켜 다양한 방법으로 업무와 조직을 관리하는 내 능력을 시험하고 확장시키는 기회로 삼았다.

사내정치라는 말에는 부정적인 시선이 담겨 있는 경우가 많다. 나 역시 그렇게 바라봤지만 이제는 생각이 바뀌었다. 정치는 결국 인간관계와 그 영향력과 관련된다. 일을 하면서 맺는 모든 관계는 시각에 따라 삶의 선물이 되고, 당시에는 힘들었지만 나중에는 자신을 성장시킨 중요한 요소였음을 깨닫게 된다. 긍정적인 마인드로 접근한다면 정치는 풀어야 할 골치 아픈 문제가 아니라 인간 상호간의 이해를 돕는 길잡이가 된다.

자존심과 감정을 내려놓고 눈앞에 처리해야 하는 일에 집중하다 보면 길이 보인다. 가끔은 양보하고 웃어넘기는 여유가, 때로는 내 주장을 굽히지 않는 강인함이 필요하다. 그리고 그 차이를 구분하는 판단력은 경험만이 키워줄 수 있다. 고인이 된 콜린 파월 장군의 책《It Worked For Me》에 인용된 말이 있다. "현명한 판단은 경험에서 나오고, 그 경험은 그릇된 판단을 통해 얻는다." 무수히 많은 그릇된 판단과 실수를 통해 얻은 값진 경험으로, 한 발짝 더 현명한 판단을 할 수 있는 내가 되었으리라 믿는다.

인내는 권력이나 힘보다 더 많은 것을 이루게 한다. 업무든 과제든 갈등이든 내 앞에 놓인 일을 끈기 있게 풀어내고자 하는 마음으로 길을 모색했다. 상사와 동료 직원들, 클라이언트와의 관계에서 겪은 대립과 마찰은 나를 더 단단하게 만들기 위한 필수 교재가 되어주었다. 결국 그 어떤 것보다 중요한 것은 나 자신을 알고 관리하는 것이었다. 실력을 쌓고, 자신에 대한 신뢰를 키우고, 숱한 시행착오를 통해 스스로 성장하도록 관리하는 것이 내 사내정치의 전략이자 답이었다.

나를 지키는 법

어느 가을날 밤, 내가 보드 멤버로 있는 문화예술 비영리단체의 가을 정기 공연이 소호Soho에 있는 미술관에서 열렸다. 현악기와 피아노로 구성된 5중주 연주가 갤러리의 조각 전시와 조화를 이루며 울려 퍼졌다. 참석자들은 와인을 마시며 음악과 분위기에 흠뻑 취했다.

맥킨지와 구글을 거쳐 최근 대기업 임원이 된, 언니의 고등학교 친구인 마가렛이 공연장을 찾았다. 아이 넷을 베이비시터에게 부탁하고 홀가분한 걸음을 한 그녀는 나를 보자마자 따뜻한 포옹을 하며 말했다.

"회사에서 너무 힘들어하고 있다는 얘기 들었어. 너는 언제나 다른 직장을 찾을 수 있어. 네 가치를 알아보지 못하는 곳에 머물 필요는 없어."

언니가 마가렛에게 내 이야기를 할 정도면 내가 그동안 언니에게 불만을 많이 토로하긴 했나 보다.

그때 나는 내가 몸담은 조직에서 많은 고충을 겪고 있었다. 책임자는 개인적인 관계를 업무에 이용하며 투명하지 않게 일처리를 했고, 크고 작은 문제와 잡음 속에서 사람들은 줄지어 회사를 떠났다. 부당한 처사와 높은 이직률로 남아 있는 직원들의 사기는 바닥으로 떨어졌다. 책임자는 다른 사람의 업적을 가로채거나 전체 이메일로 모욕을 주는 행위도 서슴지 않았다. 동료들은 그들 각자가 겪은 트라우마를 나에게 토로했고 나는 본의 아니게 동료들 사이에서 상담자 역할을 하고 있었다. 결국엔 직원들을 대표해 이의를 제기했다. 직위를 떠나 상호 존중과 프로페셔널한 일 처리를 해줄 것을 요구했다. 얼굴을 맞대고 대립을 하면 처음에는 사과를 하고 며칠 동안은 변화가 있다가 바로 원위치로 돌아가기를 반복했다.

어두운 표정으로 출근해서 말없이 각자 일만 하는, 소통이 단절된 회사는 모두에게 악영향을 미쳤다. 나는 최대한 모두에게 물리적 · 심리적 지원을 해주려고 노력하면서도, 나 역시 스트레스를 풀 수 있는 출구가 필요했기 때문에 가족과 지금의 남편이 된 당시 남자친구에게 습관처럼 불만을 토로했다.

외부 사람들과 협업이 중요한 내 업무는 회사 내부의 소용돌이가 밖으로 드러나지 않게 커버하는 일로 변모했다. 독이 되는 업무 환경 때문에 쌓인 스트레스는 급기야 생전 없던 만성 두통과 아토피로 이어졌다. 심각하게 이직을 고려해야 하나 고민에 빠진 가운데 뉴욕에서 대대적인 행사가 열리게 되었다. 본부에서 모든 임원진이 뉴욕을 방문해 여러 차례의 미팅과 콘퍼런스를 개최하는 행사였다. 이즈음 회사 분위기는 최악의 상황이었다.

뉴욕에서 사흘 동안 치르게 될 대형 행사를 하루 앞둔 날이었다. 퇴근 후 다시 컴퓨터를 붙잡고 일을 하고 있는데 임원진 중 한 분에게서 이메일이 도착했다. 함께 진행하고 있는 프로젝트에 관한 의견 교환 겸 안부 메일이었다. 이번 행사로 뉴욕을 방문한 그는 오랜만에 얼굴을 보고 밀린 이야기를 하자는 인사말로 메일을 끝맺었다.

그 순간, 컴퓨터 앞에 앉아 일을 하는 나 자신의 모습을 관망하듯 바라보았다. 1년 동안 10년은 늙은 것 같았다. 책상에는 두통약이 놓여 있었고 나는 허리 통증을 완화하기 위한 핫팩을 붙이고 아토피 연고를 바르고 있었다. 단순히 일이 많고 바쁜 게 아니었다. 극심한 정신적인 스트레스에 시달리는 좀비 같은 내 모습을 인지하면서, 이 상태를 지속할 수는 없다는 사실을 깨달았다. 숨을 가다듬고 회신 버튼을 눌러 메일을 작성하기 시작했다. 매우 중요한 사안에 대해 직접 할 이야기가 있다고 면담을 신청했다. 그가 바쁜 출장 일정으로 시간 내기가 쉽지 않다는 것은 알고 있었지만 이번 기회가 아니면 안 될 것 같았다. 메일을 보내자마자 다행히 바로 내 요구에 응하는 답이 왔다.

콘퍼런스에서 발표할 내용보다 더 조심스럽고 부담이 되는 임원과의 면담 준비에 새벽까지 잠들지 못했다. 단순히 책임자에 대한 불만으로 들리면 근본적인 문제에 대한 접근이 어려워질 것이기 때문에 조직 전체에 퍼져버린 부정적인 업무 환경과 떨어질 대로 떨어진 직원들의 사기에 포커스를 맞춰야 했다. 개인감정은 배제하고 업무에 직접적으로 영향을 미치는 실질적인 문제를 중심에 두고 대화의 방향을 잡아야 설득력이 있을 것이라 판단했다.

콘퍼런스 당일, 분주히 일을 하면서도 면담 생각에 긴장의 끈을 놓을 수가 없었다. 어떤 일이 있어도 이 행사를 잘 치르고 내게 중요한 면담도 성사시켜야 했다. 자칫 행사 일정에 치여 기회를 놓치거나 다음으로 미뤄지지 않게 온정신을 곤두세웠다.

콘퍼런스 클로징 멘트가 끝나고 칵테일 리셉션이 한 시간 정도 지났을 무렵 나의 우려와는 달리 그분이 홀 건너편에서 나를 보고 찾아왔다. "Shall we go?" 우리는 콘퍼런스 홀 옆을 둘러싸고 있는 미팅룸 중 한 곳에 자리를 잡았다. 어떻게 이야기를 꺼내야 할지, 대화의 톤을 어떻게 설정해야 할지 많이 고민했던 터라 개인 차원이 아닌 조직의 업무 환경 논의에 집중하자는 마음으로 담담하게 면담에 임했다.

그간 나는 틈만 나면 경제경영 서적, 〈포브스〉, 〈잉크Inc〉 같은 매거진을 읽었다. 내가 처한 상황에 도움이 될 만한 어떤 조언이라도 얻을 수 있을까 하는 심정으로 말이다. 리더십 컨설턴트인 팀 맥클러가 한 이야기 중에 "조직이 가장 경계해야 하는 것은 그 조직의 가장 열정적인 사람들이 조용해지는 것이다"라는 말이 있다. 열정과 혁신을 억누르고 소통의 통로를 닫아버린 리더십이 얼마나 조직에 악영향을 미치는지 나타내는 말이었다. 나는 면담 중에 그 구절을 언급했다. 열정적으로 새로운 아이디어를 내고 적극적으로 일을 추진했던 내가 사무실에서 은둔하면서 점점 말을 아끼고 조용해져 가는 것을 느꼈고, 이는 대부분의 직원들에게 나타나는 현상이라는 말로 대화를 시작했다. 차근차근 그동안의 문제점을 조직의 입장에서 하나씩 제시했고 동료들과 후배들에게 어떤 영향을 미치고 있는지, 왜 이직률이 높은지 등에 대해 준비했던 내용을 구체적으로 나열했다.

내 이야기가 끝날 때까지 아무 말 없이 듣고 있던 그분이 조용히 말했다.

"쉽지 않았을 텐데 어려운 이야기를 해줘서 고마워요. 나도 대강 감을 잡고 있었지만 구체적인 사례에 대한 정보가 없어서 행동을 할 수 없었습니다."

긴 대화를 마치고 집으로 돌아오는 길은, 몸은 매우 피곤했을지언정 모처럼 마음만은 후련했다. 사건의 전말이 분명하게 전달되었고 내 위치와 역할의 어려움에 대한 공감도 있었다. 이전에도 여러 차례 문제 제기가 있었고, 불만의 목소리가 들려왔다고 한다. 그 후 내 동료들도 필요한 만큼 면담을 진행했고 6개월에 걸친 평가회의 끝에 문제의 중심에 있던 책임자가 조직을 떠나는 것으로 결정이 났다.

내가 겪은 일은 단순히 사내정치 게임이 아니었다. 진심으로 나 자신을 지키고 내가 일하는 업무 환경을 개선하기 위해서 꼭 해야만 하는 일이었다. 결국엔 모두에게 긍정적인 방향으로 결론이 났다. 회사의 분위기와 문화는 단숨에 180도 바뀌었다. 공정하고 자발적인 업무 환경은 직원들의 불평을 줄이고 활력을 되찾는 계기가 되었다.

몸을 돌보는 것 못지않게 정신을 돌보는 것 또한 중요하다. 정신적 스트레스는 건강에 매우 악영향을 끼칠 뿐만 아니라,

가까운 사람들과의 관계에도 해가 될 수 있다. 근본적으로 독이 있는 조직 문화 속에 있다면, 개인이 아무리 열심히 관리를 해도 한계가 있다는 것을 경험했다. 나는 여러 갈등과 가스라이팅을 겪으면서 수차례 내 능력과 판단력을 의심하기도 했고 상처 입은 자신감을 회복하는 데에도 많은 노력과 시간이 필요했다. 폭력적이고 독이 되는 문화에 오래 머물면 자존감이 떨어지고 스스로의 능력과 가치를 의심하게 되기 때문에 최대한 빨리 조치를 취해서 그런 업무 환경을 변화시키거나, 그것이 어렵다면 그로부터 하루빨리 벗어나야 한다.

《연금술사》의 저자 파울로 코엘료는 이런 말을 했다. "남에게 'yes'를 할 때, 자신에게 'no'를 하고 있지 않은지 주의하라." 상대에게는 많은 것을 허용하면서 정작 자신에게는 소홀하거나 인색하다면 마음의 균형을 잃게 된다. 자신이 속한 조직에서 훌륭한 팀 플레이어 역할을 하면서 동시에 자신을 위하고 돌보는 균형 감각까지, 결코 쉽지 않는 일이지만 사회생활을 하면서 꼭 배워야 하는 점이다. 오랜만에 본 언니가 "소은아, 너 흰머리가 왜 이렇게 많이 생겼어" 하며 뽑아서 보여줄 때 비탄의 소리를 질렀지만, 내 의지와 행동으로 내가 처한 환경을 개선시키고, 진정으로 나를 돌보는 법을 배우게 된 값진 경험이었다.

비효율 속에서 효율적으로 성장하다

대학교 때 교양 과목으로 '행정학개론'이라는 수업을 들은 적이 있다. 지금은 많은 부분이 기억에서 사라졌지만, 큰 조직에서 일하다 대학으로 돌아온 교수님이 관료제의 특징 중 하나로 '비효율성'을 예로 들며 열변을 토하시던 기억만큼은 생생하다. 그 뒤로 15년 동안 관료제를 경험할 일이 없었는데, 국제기구에 와서 그 기억이 되살아났다. 업무를 진행하면서 한숨을 쉬며 "왜 이렇게 복잡하게 처리해야 하지?"라는 질문을 입에 달고 살았다. 일 처리의 속도가 느리고 승인과 결재를 받기 위해 거쳐야 하는 과정이 불필요하게 길어서 수시로 답답함이 찾아왔다. 조직이 크다고 다 비효율적인 것은 아니다. 특히 기구는 실적이 객관적으로 보이거나 이윤 추구를 목적으로 하는 조직이 아니어서 더 그런 면이 강했던 것 같다.

관료제적인 시스템 안에서 맡은 일을 제대로 해내기 위해서는 정치적 테크닉과 요령이 필요했다. 인맥을 넓히고 이해관계자를 설득하고 상사나 동료 직원과의 관계를 원활하게 유지하는 것도 이 테크닉에 포함되는데, 처음에 나는 이 중 어느 한 부분도 잘하지 못했다. 인맥은 제로 상태였고 이해관계자가 누구인지 어떤 라인에 속해 있는지조차 파악하지 못하고 있을 즈음, 중요한 기업의 클라이언트 미팅에서 국제분쟁에 관련된 통계 자료를 발표할 일이 생겼다. 아직 공식적으로 배포되지 않은 자료이지만 내가 진행할 미팅에서 구체적으로 문의가 들어온 이슈였고, 책임자로부터 공개해도 된다는 허락을 받았다.

문제는 그 자료를 어느 부서에서 누가 담당하고 있는지 모른다는 사실이었다. 나는 본부 디렉토리를 검색해 가장 가능성이 높은 사람에게 명확하고 간결하게 이메일을 작성해 보냈다. 최대한 친절하게 내 소개를 하고 이 자료가 왜 필요한지 덧붙여 설명하면 될 거라 생각했다. 하지만 몇 번의 팔로우업 뒤에 "내 소관이 아니니 다른 부서의 직원을 참조하라"는 내용의 이메일을 받았다. 참조하라던 그 부서의 직원 역시 자기 팀 직원에게 위임했고, 그 직원 역시 다른 부서의 또 다른 직원한테 떠넘겼다. 이 과정은 몇 번 더 반복되었고, 메일에 사람들이 추가될 때마다 며칠씩 허비됐다. 결국 초반에 보낸 내 이메일은 참조하는 사람들의 이메일 주소만 아홉 개로 늘어났고, 내가 필요로 하는 자료는 올 기미가 없어 보였다. 어처구니없었던 것은, 마지막으로 이메일 수신인에 추가된 직원은 내가 보낸 첫 이메일을 읽어보지도 않고 "뉴욕의 새 디렉터 니콜에게 정확히 문의해봐도 좋을 듯하다"라는 메일을 보내면서 나를 또 참조인으로 한 것이 아닌가! 결국, 내가 작성한 이메일은 열 명을 거쳐 몇 주 뒤 나에게 다시 그대로 돌아왔다. 하루빨리 자료를 구해서 발표 준비를 해야 했던 나는 답답해 죽을 지경이었다.

결국 나는 총 열 명이 넘는 사람들에게 노란색 하이라이트와 볼드체로 필요한 자료를 강조하며 다시 요청 메일을 보냈고, 빨간 글씨로 기구 임원이 특별히 부탁한 자료라고 부풀려서 못을 박고, 그를 참조인으로 추가하고 나서야 3주 후에 그 자료를 손에 쥘 수 있었다. 이런 일 처리 과정을 처음 겪었던 나는 그 시간 동안 머리를 쥐어뜯다가 초조해하다가 화가 치밀어 오르는 과정을 반복했다.

또 한번은 기구에서 주최하는 대형 콘퍼런스를 진행하는데 필요한 자금 스폰서(후원 기구)를 구하는 일을 본부에서 내게 부탁했다. 뉴욕을 주름잡는 국제분쟁 전문가들을 가장 잘 알고 있다는 것이 내가 이 콘퍼런스를 총괄하게 된 이유였고, 본부 재무팀보다는 로컬 마켓과 관계를 맺고 있는 내가 자금 조달을 하는 것이 더 수월할 거라는 판단이었다.

한 번도 해본 적 없는 자금 조달fund raising을 시도하면서 돈을 달라고 협상하는 일보다 더 힘들었던 것은 문화와 운영 방식의 차이로 인한 실랑이였다.

대형 자금을 조달하려면 필요한 액수, 용도, 자금을 제공했을 때 제공자가 받을 수 있는 여러 혜택(마케팅 홍보, 기회 등)을 제시하는 것이 가장 우선이다. 그러고는 인내와 끈기를 가지고 지속적으로 소통하며 서로의 이익에 부합하는 조건으로 수위 조절을 해야 상대방으로부터 긍정적인 답변을 이끌어낼 확률이 높아진다. 긍정적인 답변을 받는 즉시 자금 제공자가 가장 손쉽게 자금 지불을 할 수 있도록 조치하는 일 또한 매우 중요하다.

어느 한 대형 로펌 파트너와 여러 차례 미팅을 진행한 후, 우리가 필요한 액수만큼 자금을 지원해주겠다는 답변을 받을 수 있었다. 몇 주 동안 쏟아부은 노력이 빛을 보는 순간이었다. 희열과 안도감을 느끼며 나는 곧바로 후원 자금을 받을 수 있도록 세금 관련 문서와 자금 전송을 위한 정보를 전달하겠다는 약속을 하고, 곧바로 본부 재무팀에게 연락했다. 하지만 재무팀에서 온 답을 듣고 나는 또 한 번 머리를 한 대 맞은 느낌이었다. 책임자가 한 달간 휴가를 떠났기 때문에 스폰서십에 대한 문서 결재가 떨어지기까지 몇 주를 기다려야 한다는 얼토당토않은 답변이 돌아온 것이다.

그때가 12월 초였는데 연말 시즌이 끝나고 1월까지 기다려야 한다는 말도 안 되는 이야기였다. 뉴욕의 12월 초는 크리스마스와 신년 휴가를 위해 최대한 많은 일을 처리하고 마무리하는 시기라 모든 사람이 바쁘게 움직인다. 그런데 본부가 있는 파리는 벌써 휴가 무드인 듯했다. 자금 지원에 대한 긍정적인 답변이 왔을 때는 속도감 있게 움직이는 것이 매우 중요한데, 그동안 들인 노력이 수포로 돌아갈 것 같은 불안감에 휩싸이면서 맥이 빠졌다. 담당자에게 전화를 걸어 자초지종을 설명해도 그녀가 하는 말은 이뿐이었다. "미안해요, 하지만 내가 할 수 있는 일이 없어요." 자금이 필요하다고 요청할 땐 언제고 어렵게 구해서 결재받고 진행하는 일만 남았는데 자금 조달을 실행할 방법이 없다니! 책임자 본인의 승인이 필요한 일이라서 업무를 대신할 다른 직원도, 방법도 없단다. 너무 기가 막힌 나는 조목조목 반박했고 그녀는 자기가 할 수 있는 일은 없으니 다시 재무팀에 연락해보라는 말만 반복했다.

전화를 끊고 바로 사무총장에게 이메일을 썼다. 케이스나 미국 중재 판례에 관한 법률적인 문제가 아닌 자금 조달 건으로 연락하는 것이 조금 불편하긴 했지만, 중요한 행사인 만큼 도움을 청하는 것은 당연한 일이라고 판단했다.

사실 이 프로젝트의 전 과정에서 나의 인내심은 이미 한계를 거듭 넘은 상태였다. 하지만 마지막 단계에서 손을 놓을 수는 없었다. 최대한 담담하고 간결하게 내가 직면한 문제를 설명했고, 나와 수많은 미팅 끝에 자금을 지원하겠다고 한 대형 로펌 파트너 이름을 언급했다. 어렵게 자금 조달을 했는데 우리 쪽에서 발 빠른 처리를 하지 않으면 후원을 받지 못할 뿐만 아니라 우리 기구의 이미지에도 악영향이 미칠 수 있다는 우려를 담아 메일을 작성했다. 메일을 보내자마자 사무총장은 내 사무실로 전화를 했고 통화로 자초지종을 설명했다.

다행히 사무총장실 스태프 중 재무팀에서 일한 경험이 있는 직원이 있었고, 그녀의 도움을 받아 며칠 동안 실랑이를 한 후 휴가를 간 책임자에게 연락을 취해서 결재를 받고 후원금을 받을 방법을 찾았다. 후원금을 수령하는 데에도 또 한 가지 이슈가 생겼다. 자금 수령 방법은 뉴욕 지부에서 받는 것과 프랑스 본부가 받는 것 두 가지였는데, 국가별, 주별 세법이 달라서 고려해야 할 세금 문제가 있었던 것이다. 나는 어쩔 수 없이 뉴욕 지부 일을 도맡아온 은행의 파이낸스 애널리스트와 미팅을 잡고 내 분야와 전혀 동떨어진 국제 세법에 대한 이해를 위해 나의 귀한 12월의 시간을 쏟아부었다. 참으로 답답하게 몇 주를 보내고 절실히 필요했던 크리스마스 휴가를 맞이했다.

이런 비효율성의 문제는 주로 개인보다 시스템 자체에서 발생한다. 수직적인 결재 구조와 고착된 일 처리 방식은 한 개인이 바꿀 수 있는 부분이 아니기 때문에 각 부서 동료들을 탓할 수도 없었다. 각종 규칙에 의해 지배되는 거대한 조직 안에서 개개인의 역량을 찾아내 지금 내가 진행하고 있는 일에 협조할 수 있도록 설득하는 것이, 내가 관료제라는 바다를 항해하는 방식이었다. 고정된 시스템 속에서도 유연성을 찾아 일하는 방법, 관계의 중요성, 그리고 효율적인 운영 방식에 대해 깊이 생각하게 한 힘겹지만 필요한 트레이닝이었다.

나같이 고지식한 성격은 특히 힘들 수밖에 없었고, 몇 년 동안 몸과 마음이 사실 많이 마모되기도 했다. 하지만 지나고 보니 내가 일한 국제기구는 내 프로페셔널 삶에 있어서 정말 중요한 역할을 한 직장임은 틀림이 없다. 소통하는 방식과 일하는 문화가 완전히 다른 사람들과 협업하는 방법을 배웠고, 비효율적인 시스템 안에서 내 일만큼은 효율적으로 해내는 테크닉을 연마했다. 법무 외에도 다양한 일을 진행시키기 위해 경험이 전무했던 일들을 시도하는 대범함을 단련시켰고, 나를 지키면서 일하는 법과 정신 건강 관리의 중요성을 몸소 체험했다. 무엇보다도, 거대한 조직 안에서 묻히기 쉬운 목소리를 효과적으로 내는 방법과, 튀지 않아도 분명한 존재감을 드러내는 요령을 배웠다. 법률가로서, 그리고 매니저로서 나를 성장시킨 그곳은 때론 전쟁터였다가, 심리적으로 나를 시험에 들게 하는 카오스 지대였다가, 때로는 색다른 성취감을 맛보게 한 고마운 일터였다.

퇴사하는 날, 기구 전체 구성원에게 인사 메일을 보냈다.

"그동안 정말 감사했습니다. 지난 몇 년은 법, 인간관계, 그리고 삶에 대한 교훈을 배울 수 있던 소중한 시간이었습니다."

실컷 깨지면서 인생 공부를 한 국제기구에서의 경험은 현재 내가 하는 일에 대한 마음가짐과 태도에 도움이 되고 있음을 느낀다. 그토록 힘겨웠던 시간 덕분에 한 겹 더 단단해진 나를 보며, 앞으로 삶에서 마주하게 될 여러 다른 경험을 기대해도 괜찮을 것 같다는 기분 좋은 격려를 받는다. 비효율적인 조직 덕분에 짧은 몇 년의 시간 동안 효율적으로 성장한 셈이다.

나는 이런 사람이야

북클럽을 하며 읽은 소설에서 이런 구절을 만났다.

"나는 조국이 없는 그런 사람 중 하나이다I am one of those people for whom nothing is left of their home country."

에티오피아에서 군사 정권에 의해 아버지가 살해되는 장면을 목격한 후 미국으로 망명 온 주인공이 편지에 쓴 내용이다. 조국을 상실하고 아버지를 잃은 트라우마를 애써 부인하는 작중인물의 억눌린 심리가 반영된 것 같다는 의견을 북클럽 멤버들과 교환하는 동안 나는 "I am one of those people(나는 이러 이러한 사람이야)"이라는 구절에 생각이 머물렀다. 영어와 한글의 뉘앙스 차이가 있긴 하지만 생각해보면 우리 대화에 꽤 흔히 등장하는 말인 것은 분명했다.

나는 먹는 걸 좋아하는 사람이야, 나는 이런 이성에게 끌리는 사람이야, 나는 지루함을 못 견디는 사람이야, 나는 수시로 여행을 가야 하는 사람이야, 나는 책을 좋아하는 사람이야 등 일상적인 이야기에서부터, 난 아이를 갖는 게 두려운 사람이야, 나는 늘 경계에 서 있는 사람이야, 나는 과거의 끈을 놓지 못하는 사람이야, 나는 아직 어른이 되지 못한 사람이야 등 마음 깊숙이 자리한 심리적 갈등과 고민을 나타내 보이기도 한다. 나는 기계를 못 다루는 사람이야, 나는 소심한 사람이야, 나는 사람들 앞에서 말하는 것이 불편한 사람이야 등 자신에 대한 평가를 드러내기도 한다. 하지만 곰곰이 생각하다 보니 '나는 이러이러한 사람이야'라고 말하는 것 자체가 근시안적이며 고정관념일 수도 있겠다는 결론에 도달했다. 내가 어떤 사람인지는 현재 진행형이기에 이렇다 저렇다 단정 지을 수 있는 성질의 것이 아니기 때문이다.

인간은 늘 변화한다. 기분이 좋았다가 한순간에 확 나빠지는 경험은 누구나 한 번쯤 해봤을 것이다. 건강검진 중에 재는 혈압은 30초 전과 비교해도 다르게 측정되고, 피검사에서 검출되는 호르몬 수치도 미세한 영향만으로 변화한다. 정체성과 성격도 마찬가지이다. 이십 대 내 삶에서 중요했던 우선순위는 삼십 대가 되어 완전히 바뀌었고, 해가 지날수록 계속 정리되고 변화한다. '나는 이것 빼면 시체야' 할 정도로 강조했던 부분도 성장하면서 뒤로 밀려나기도 하고 또 다른 면이 급부상하기도 한다. 타고난 성격과 어릴 때부터 갖고 있던 생각도 환경과 경험에 의해 변하고, 의외의 디테일에 끌려 평소 이상형과는 전혀 다른 사람과 결혼하기도 한다. 세상에 결코 변하지 않는 것은 없다.

나는 어렸을 때부터 손재주가 없었다. 우리 가족에서 손재주는 피아노도 잘 치고 그림 실력도 출중한 언니의 몫이었다. 대신 나는 말이 많고 책을 낭독하기 좋아하고 툭하면 큰 소리로 텔레비전에 나오는 앵커 흉내를 내서 다들 입으로 먹고살 거라는 얘기를 했다. 정말로 노래를 하고 변론을 하고 다양한 일로 무대에 오르는 사람이 되었고, 자연스럽게 나는 이후에도 말로 하는 일을 해야 한다는 생각과 함께 '나는 손재주가 있는 그런 사람은 아니야'라는 생각을 머리에 더 강하게 새겨 넣었다. 손으로 무언가 만드는 것은 아예 시도조차 하지 않았고, 어차피 손재주가 없어서 잘하지 못할 거라고 생각했다. 내가 메이크업을 잘한다는 것을 발견했을 때는 워낙 어렸을 때부터 많은 메이크업 아티스트와 일한 덕분이라고 생각했고, 레시피 없이 요리를 뚝딱 잘 만들어낸다는 것을 알았을 때도 그냥 먹는 걸 좋아해서 그렇다고 생각했다.

최근, 데일리 스케치를 하는 루틴을 시작했다. 일종의 명상처럼 아침에 일어나자마자 10분 동안 일기를 쓰고 그림을 그리는 일이다. 미술에 소질이 있고 없고를 떠나, 매일매일 펜으로 스케치를 하다 보니 생각이 명쾌해졌고 그림 그리는 행위 그 자체에 즐거움이 생겼다. 어느 날 우연히 그림을 본 남편이 "그림 못 그린다고 하지 않았어? 아주 못 그리는 건 아닌데?"라고 말했다. "무슨 소리야, 난 그림 못 그려"라고 극구 부인하면서 그동안의 그림 모음을 살펴보였다. 대단한 작품은 아니어도 분명히 나만의 독특한 느낌이 있는 그림들이 쌓여 있었다. '나는 그림을 못 그리는 사람이야'라는 생각으로 지금까지 살았는데, 어쩌면 나는 손재주가 없는 것이 아니라 손재주가 없는 사람이라고 미리부터 결정을 내리고 살았던 것인지도 모르겠다.

펜실베이니아 대학교 와튼 비즈니스 스쿨의 교수이자 작가인 애덤 그랜트는 펴내는 책마다 정확한 근거로 뒷받침된 중요한 아이디어를 제시한다. 그의 책 《싱크 어게인》 머리말에는 이런 부분이 나온다.

"이 책의 메시지는 이제 더는 도움이 되지 않는 지식이나 의견은 버리자는 것과 일관성보다는 유연성에 자아의 초점을 맞추자는 것이다. (중략) 다시 생각하는 법을 배울 수 있다면 일에서의 성공과 삶에서의 행복을 이루는 데 훨씬 유리한 위치에 있을 수 있다. (중략) 자신이 가장 소중하게 여기는 도구들 가운데 어떤 것을 버릴지, 그리고 자기 정체성의 가장 소중한 것들 가운데 어떤 것을 놓을지 그 시점을 아는 것, 이것이 바로 지혜이다."

유연성을 가지고 다시 생각하고, 굳건히 믿고 보물처럼 여기던 정체성을 내려놓아야 한다. 나이 때문인지, 여러 변화를 겪은 격동의 시간 때문인지 이 구절이 몇 주 동안 내 머릿속을 떠나지 않았다.

지금껏 살면서 '나는 이런 사람이야 I am one of those people, 나는 이런 사람이 아니야 I am not one of those people'라는 고착된 생각으로 스스로를 억압하면서 이미 변화하고 있는 나를 리셋하지 못하고 과거에 매달리고 있던 건 아닐까?

'나는 이 프로젝트를 맡을 리더가 아니야', 혹은 '나는 창의적인 스타일이 아니야'라는 생각으로 새로운 역할에 도전하지 않고, '저 사람은 나랑 코드가 안 맞아'라는 섣부른 판단으로 관계의 발전을 차단시키기도 한다. 자신을 '이러이러한 사람'의 틀에 가둬버리는 것은 성장을 방해하고 오류를 범할 위험성도 있다. 우리 사회에서 흔히 볼 수 있는 여러 종류의 편견도 그 바탕에는 '저 사람은 이런 사람이야, 저들은 이런 스타일의 인간이야'라는 생각에서 비롯되지 않던가.

일본에서 육십 대에 컴퓨터를 처음 쓰기 시작한 할머니가 코딩을 배워서 여든두 살에 휴대폰 앱을 출시했다는 뉴스를 읽었다. 나조차도 툭하면 "난 기계치야, 난 컴맹이야"라고 말하며 시도할 생각조차 하지 않은 앱 프로그래밍을 팔십 대의 할머니가 개발자로서 이뤄낸 것이다. 그 할머니야말로 '나는 이런 사람이야' 뒤에 붙일 수 있는 수많은 제약들이 있었을 텐데, 자신을 제한하는 틀에 가두지 않은 그분의 삶의 태도가 큰 울림으로 다가왔다. 내가 했던 일, 경험한 세계, 익숙한 환경에서 굳어진 사고를 유연하게 만들고 새로운 것들이 유입될 수 있는 마음의 통로를 열어두면 무궁무진한 세계가 열린다.

책에서 읽은 구절을 조금 변형시켜서 내 삶에 적용해야겠다.

"나는 '나는 이런 사람이야'라고 말하지 않는, 그런 사람이야."

"당신은 어디에 속한 사람인가요?"

한 기업에서 주최하는 글로벌 리더십 포럼에 참석했다가 오랜 기간 인사 채용 전문가로 지내온 분과 대화를 하게 되었다. 그 자리에서 나는 내가 관심 있는 일, 현재 속한 기구에서의 역할, 앞으로 나아가고자 하는 커리어의 방향에 대한 이야기를 서슴없이 나누었다. 그는 내 이야기를 주의 깊게 경청하면서 무언가를 계속 메모했다. 그즈음 나는 커리어에 대한 여러 고민을 하던 중이어서 더더욱 인사 채용 전문가인 그의 이야기가 듣고 싶었다.

그는 나와 대화를 하면서 쓴 노트를 훑어보면서 알 수 없다는 표정을 지었다. 그러고는 곰곰이 생각한 후 웃으면서 말했다.

"독특한 이력이 무척 흥미롭고 재능과 관심 분야가 많아서 이런저런 옵션이 많긴 하지만… 당장 어떤 하나의 카테고리에 넣어야 할지 정확히 갈피가 안 잡히네요."

그의 답변을 듣고 나는 생각했다. '그렇지, 그게 내 인생이지.' 나 스스로 구하지 못한 답을 외부의 누군가로부터 구해보려고 했던 것이 애초에 잘못이었다. 내가 어디에 속해 있는지 언제쯤 알게 될까.

한국에서 대학 시절을 보낼 때, 언니가 뉴욕에서 학교를 다니고 있어 종종 뉴욕을 여행했다. 언니가 사는 몇 평 안 되는 원룸에서 둘이 복닥복닥 지내며 링컨센터와 카네기홀, 웨스트사이드 주변을 현지인처럼 누볐다. 바쁜 뉴요커들의 삶을 관망하면서 음반 활동으로 지친 몸과 마음을 회복하고 다시 학교로 돌아가 공부할 의욕을 얻곤 했다. 언니가 다니던 줄리아드 음악대학 맞은편에 있던 '반스앤노블' 서점에서 읽고 싶던 책과 잡지를 섭렵했고, 콜럼버스 애비뉴에 위치한 작은 샌드위치 가게는 내 아지트가 되었으며, 센트럴파크를 걷는 일이 내 일과의 큰 부분을 차지했다. 그때는 내가 훗날 뉴욕에 정착하게 될 줄은 꿈에도 몰랐다.

여행자일 때 내게 뉴욕이라는 도시의 외적 이미지는 다양한 인종, 금융·패션·문화·예술·산업의 중심, 화려한 거리(그리고 지저분한 거리), 브로드웨이, 월스트리트 같은 것들이었다.

이곳에서 일을 하며 거주자로 지내다 보니 여행자일 때와는 사뭇 다른 모습들이 보이기 시작했다. 야망과 꿈을 안고 무언가를 해보려는 사람들이 고생을 사서 하며 고군분투하는 곳인가 하면, 수많은 이주자들이 자신이 속할 수 있는 자리를 찾아가는 곳이기도 하다. 나는 뉴욕과 소위 말하는 애증의 관계다. 도시 특유의 치열함이 나를 한없이 지치게 하지만 동시에 강한 에너지로 끊임없이 나를 충전시킨다. 좁은 공간, 높은 물가와 차가운 경쟁 사회가 지긋지긋하다가도 정신이 번쩍 드는 도전의식을 불러일으키는, 정말 세상 어디에도 없을 도시라는 생각을 자주 하게 된다.

뉴욕에 와서 처음 구한 아파트 옆에 내가 좋아하는 커피숍이 하나 있었다. 인테리어가 좋은 카페에서 여유롭게 에스프레소 한 잔을 마시며 일과를 시작하는 뉴요커의 모습을 상상했지만 그 설렘은 일주일이 채 지나지 않아 사라졌다. 분위기 좋은 카페가 있어도 뉴스를 보고 커피를 즐기기는커녕 재빠르게 카페인을 원샷하고 밤새 밀린 이메일에 회신해야 한다는 부담감에 시달리는 것이 다반사였다. 10분이라도 더 자기 위해 커피숍은 아예 건너뛰고, 사무실에서 그저 그런 맛의 캡슐 커피로 카페인 충전을 때우는 게 일상이 되었다.

종종 한국 방송 프로그램에서 뉴욕 생활을 주제로 섭외가 들어와도 법조인은 기밀 유지가 기본이라 공개할 수 있는 부분이 많지 않아 대부분 거절할 수밖에 없었다. 꼭 그 이유 때문이 아니더라도 하루 종일 컴퓨터 앞에 앉아 서면 작성하고 서류 검토하면서 인상만 쓰고 있는 영상은 재미없을 게 뻔했으니까. 물론 일 이외에 삶의 다른 면을 보여줄 수도 있겠지만 사회생활 초반에는 그러한 시간적, 정신적 여유가 없었다. 서울에서조차 가수 활동 이외에는 일반적인 직장 생활을 해본 적이 없던 나는 미국 문화뿐 아니라 아티스트가 아닌 직장인으로서의 생활 패턴에 익숙해지고 적응하는 데 시간이 필요했다. 한국에서 누렸던 것들을 내려놓고 익명이 주는 자유와 허전함을 동시에 느끼며 정체성의 혼란과 뒤늦은 성장통을 겪었다.

사무실에 하루 종일 앉아서 일을 하는 것도, 별도의 점심시간 없이 컴퓨터 앞에서 혼자 식사하며 일하는 방식도 내겐 낯설었다. 처음에는 외롭다고 생각했던 부분들이 이제는 오히려 시간 활용도가 좋고 집중해서 더 많은 일을 빨리 끝낼 수 있어 좋다고 생각하는 걸 보면 어느새 나도 이 문화에 젖어든 것 같기도 하다. 다행히 이 도시가 제공하는 문화와 예술의 수혜를 입어 공연과 전시를 즐기며 마음의 위로를 얻곤 했다.

이제 10년이 훌쩍 지난 뉴요커로서의 삶에 비영리단체 활동, 여러 일을 통해 형성된 다양한 네트워크, 그리고 이곳에서 이룬 가정이 주는 풍성함이 더해졌다. 늘 새로운 도전을 앞두고 불안과 설렘을 동시에 느끼며, 한 치 앞을 내다볼 수 없는 세상의 변화 앞에서 겸허해지기도 한다. 시간이 흐를수록 외국인 여성으로서, 소수인종으로서 겪는 어려움에 더 많이 공감하고, 이 사회에 뿌리 깊은 인종차별과 편견에 대한 자각은 나 자신뿐 아니라 동시대를 살아가는 다양한 사람들에 대한 더 깊은 이해로 이어진다. 앞으로 내가 어디서 어떤 모습으로 살아가게 될지는 여전히 불분명하지만 지금 현재의 삶 안에서 미래가 배태되고 있다는 사실만큼은 확실하다.

시인 마야 안젤루는 "어느 곳에도 속하지 않는다는 것은 곧 모든 곳에 속한다는 뜻이다. 이것을 알 때 비로소 자유로울 수 있다"라고 말했다. 나는 이 말을 내 삶에 적용하기 위해 간절히 노력하는 중이다. 뉴욕이 가진 수많은 수식어와 이미지 사이에 사람들의 진짜 일상이 존재하듯, 내 이력서에 나열된 어울리지 않는 요소 사이사이에 나의 진짜 모습이 있는지도 모른다. 어떤 카테고리에 속하려고 애쓰기보다는 그 모호한 경계에서 지금의 나로 수많은 내일을 향해 건너가는 것이 가장 나다운 삶이라고 믿는다.

*

로스쿨을 졸업한 지 8년이 되었을 무렵, 나는 모교에서 주최하는 행사에 연사로 초대를 받았다. 다양성과 포용력을 테마로 하는 콘퍼런스에서 아시안 아메리칸으로서의 정체성이 커리어에 미치는 영향에 대한 주제의 연설을 부탁받았다. 오랜만에 로스쿨을 방문할 생각에 무조건 수락했지만 막상 연설문 작성을 위해 여러 생각을 하다 보니 나는 재미 한인도 아니고, 임시로 외국에 머무는 유학생도 아닌 애매한 정체성을 가지고 있어서 아시안 아메리칸으로서의 구체적인 얘기를 할 입장이 아니라는 것을 깨달았다. 곧바로 주최 측에 나의 우려를 전달했고 다양성의 테마 안에서 내가 생각한 연설의 방향을 공유했다. 다행히 그쪽에서 내가 제시한 내용도 충분히 공감받을 거라는 화답이 왔다.

나는 결국, 다양성의 개념을 확대시켜서 인종뿐 아니라 배경, 출신, 문화, 경력을 포함한 고유한 존재의 아시안 여성 프로페셔널로 일을 하면서 느끼는 도전과 보람, 그리고 다양한 종류의 '다름'이 내 삶을 어떻게 긍정적인 방향으로 이끄는지에 대한 연설을 준비했다. 감사하게도 많은 학생들이 따뜻한 호응을 보내주었다.

동양인이 극히 드물었던 미국 초등학교를 졸업하고 한국에 돌아온 후 나는 곧바로 명백한 다수에 속했다. 다수에 속하는 편안함과 음반 활동으로 얻은 유명세를 누리다 로스쿨 입학과 함께 15년 만에 다시 외국인이 되었고 소수에 편입되었다. 그 뒤 뉴욕에서 일을 하면서 어렸을 때 경험했던 것보다 훨씬 더 날카롭게 소수로서의 존재에 대한 자각을 할 수밖에 없었다. 예전과 비교할 수 없을 정도로 높아진 한국의 위상과 한국 문화의 인기, 그리고 소수인종의 다양한 목소리에 귀 기울이기 시작한 사회의 변화 덕을 톡톡히 보고 있음에도 불구하고 여전히 일상 속에서 크고 작은 정서적 물리적 어려움을 경험한다.

팬데믹 한중간에 잔인한 아시안 혐오 범죄가 매일같이 일어나던 혼란스러운 시기에는 다양성의 의미에 대해 생각할 필요조차 못 느꼈던 서울 생활의 안정감이 그리웠고, 아시안 여성 프로페셔널로서 벽에 부딪힐 때마다 내 나라에서 음악 활동을 하면서 주목받던 삶에 대한 그리움으로 흔들리는 날도 많았다. 하지만 경계에 있는 이 삶을 통해 더 많은 사람과 소통하고 다양한 삶의 스토리에 공감하면서 내 세계가 확장되리라는 것, 그리고 내적인 성장에 이보다 더 좋은 토양은 없을 거라는 결론에 도달한다.

로스쿨에서 후배들에게 한 연설을 이렇게 끝맺었다.

"아시안 소수인종이라는 정체성은 나를 정의 내리지 않습니다. 삶을 더 풍성하게 만들고, 더 많이 포용할 수 있도록 더 용감하고 대범해질 수 있도록 나를 이끌어주었지요. 특히 오랜 시간 잘못 인식되었던 고정관념을 부수고, 외부의 기대에 끌려다니지 않고, 나의 고유한 강점을 더 구체화할 수 있도록 이끌어주었습니다.

스스로에게 허락해주기만 하면 인종, 성별, 배경, 성격, 경험 등 모든 '다름'은 약점이 아니라 가장 강력한 강점이 됩니다. 저의 '다름'이 저를 더 나은 법조인이자 더 좋은 동료가 될 수 있게 해준 것은 틀림이 없습니다. 그러니 스테레오타입을 깨버리고 서프라이즈를 선사해보세요. 스스로에게 놀랄 일도 분명 있을 것입니다."

나 스스로에게 매일 반복하는 다짐을 공유해서 더 큰 힘을 발휘할 수 있기를 바라는 마음이었다. 나는 오늘도 이 말을 되뇌며 나를 놀라게 할 수 있는 삶을 향해 나아간다.

내 인생의 프리 에이전트

2006년 말, 4집 음반 활동을 끝으로 소속사와의 계약이 끝났다. 좋은 관계를 맺어온 몇 개의 소속사와 계약에 대한 대화가 오고 갔지만 대학교 4학년 복학을 앞둔 시점이라 다른 일 없이 학생으로서의 마지막 해를 즐기고 싶었다. 무엇보다도 유학에 대한 마음이 점점 커지고 있어 계약을 미루고 충분한 시간을 갖고 다음 행보를 고려해보자고 결정했다.

활동하면서 고정 출연하던 여러 방송은 중단했지만 두 개의 라디오 프로그램은 제작진, 디제이와의 친밀한 관계 때문에 고정 게스트로 계속 출연하기로 했다. 헤어나 메이크업에 시간을 할애하지 않아서 좋았고 심야방송이어서 학교에서 밤 10시즈음에 출발하면 딱 맞게 방송국에 도착할 수 있었다. 도서관에서 취업 준비를 하는 친구들과 같이 공부하다 저녁을 먹으며 나누는 대화는 너무도 소중했고, 방송이 끝나고 새벽 2시경 차가 드문 올림픽대로를 시원하게 달리며 바라보는 서울의 모습도 아름다웠고, 적당한 피로감을 느끼며 청하는 잠은 달콤했다. 긴 하루였지만 체력이 빵빵하던 시절이라 전혀 힘들지 않았다. 이렇게 학기 내내 지속된 방송은 학교생활에 활력을 불어넣어 주었고 동시에 꽤 괜찮은 용돈벌이도 되었다. 사이가 막역한 제작진, 뮤지션들과 회식도 자주 즐겼는데, 어느 날 방송이 끝나고 홍대 근처 작은 펍에서 조촐한 뒤풀이를 하다 피디님이 갑자기 이렇게 물었다.

"소은 씨는 FA[Free Agent] 생활이 꽤나 잘 어울려요. 언제까지 이렇게 프리하게 활동할 거예요?"

매니저와 소속사의 보호 혹은 관리를 받으며 생활하는 연예인들 사이에서 혼자 멋대로 다니는 것이 흥미로웠던 모양이다. 별 생각 없이 툭 던진 질문이었겠지만 살면서 두고두고 그 말을 떠올리게 된다. 어쩌면 나의 존재에 대해 싹트고 있던 의문을 그때 피디님이 미리 예견해준 것인지도 모른다.

나는 유년기 시절부터 어떤 방식으로든 누구에게 구속받는 것을 싫어했다. 억지로 시키는 일에 대한 거부 반응이 유독 심했던 것도, 한국의 중고등학교 시절이 그토록 힘겨웠던 것도 아마 같은 이유일 것이다. 고등학생 때부터 시작한 가수 생활 덕분에 학교에서 받는 '구속'에서는 벗어났지만 대중에게 알려진 사람이 겪는 다른 종류의 무게를 느끼며 지냈다. '자유로운 영혼'이라는 별명이 따라붙었지만 참 아이러니하게도 이런 얽매임 없이 자유롭기 바라는 마음 한쪽에는 안정된 소속감에 대한 그리움이 존재했다.

엉겁결에 미국으로 와 동양 사람이 다섯 손가락 안에 들 정도로 드물었던 미국 초등학교를 다니면서 어렴풋하게 '나는 왜 다를까'라는 의문이 있었다. 완벽히 속할 수 없는, 뭔지 모르게 살짝 부족한 것 같은 느낌을 받았지만 어려서인지 다행히 상처가 될 만한 사건은 없었다. 사춘기 즈음, 서울로 다시 돌아와 문화 충격을 받았다. 외적인 모습은 친구들과 같았지만 또 다른 종류의 이질감으로 불편했다. 학교는 머리 길이에서부터 양말 접는 법과 구두의 종류, 개인의 특성과 사고마저 획일화된 규율 안에 구겨 넣기를 강요하는 것 같았다. 국어 시간에는 문학작품의 감상 포인트까지 받아 적고 외워야 해 숨 막힐 듯 답답했다. 친구들과의 관계 역시 서툴 수밖에 없었다. 내가 중학생 때만 해도 외국에서 살다 전학 온 학생이 많지 않은 때라 다른 반 아이들이 쉬는 시간에 몰려와 교실 창밖에서 손가락으로 나를 가리키며 신기하게 바라보던 기억이 난다. 미국에서는 동양 아이여서, 한국에서는 미국에서 살다 왔다는 것 때문에 나만 다른 카테고리에 속해 있다는 생각을 하곤 했다. 몇 년이 지나 어느 정도 적응이 되었지만 곧 가수 데뷔를 했기 때문에 고등학교에서는 또 별난 존재가 되었다.

음반 활동을 활발하게 하던 도중에 유학을 갔다. 연예계 쪽에서는 로스쿨을 가고 변호사가 된 독특한 케이스로 여겨졌고, 로스쿨과 법조인 집단 속에서는 오히려 연예인 출신이라는 특이한 배경 때문에 다시 색다른 사람으로 인식되었다. 유학 생활을 마치고 뉴욕에서 일하며 정착한 지금, 재미 한인이나 유학생이 아닌, 뉴욕에 사는 한국인으로서 소속에 대한 애매함은 계속될 것 같다. 가끔은 경계에서 벗어나지 못할 것 같은 불안감이 엄습하기도 한다.

로펌을 거쳐 몇 년간 근무한 국제기구에서 퇴사를 했다. 열여섯 살 데뷔 이후로 앞만 보며 달려오느라 살피지 못한 삶을 돌아보는 시간이 절실해 안식년을 가지기로 했다. 마침 그 시기에 임신을 하고 엄마가 되면서 또 한 번의 큰 변화를 맞이했다. 임신 기간 중에 한 행사에 연사로 참석할 기회가 있었는데, 사회자가 나를 소개하며 이렇게 질문했다.

"변호사이지만 가수 생활을 그만두지 않았다는 이야기를

뉴스에서 본 것 같아요. 음악은 계속하시는 건가요? 변호사인데 지금 소속은 어디인가요?"

우리 사회는 소속이나 타이틀에 민감하다. 이력서의 공백을 오점이라고 치부하는 직장 문화 때문인지 한 타이틀에서 바로 다른 타이틀로 오버랩되는 것에 익숙하고 특정 카테고리에 들어가야 한다고 생각하도록 훈련되어 있다. 평생직장의 개념이 사라지고 커리어가 열 번도 바뀔 수 있는 요즘 시대에 말이다. 'N잡러', '사이드 허슬'처럼 하나의 일만 하지 않는 것이 흔해졌음에도 소속을 원하는 심리는 여전하다. 동일한 직업군 안에서도 개인의 정체성에 따라 동질감과 이질감을 느낀다. 그만큼 소속감이 없으면 불안하고 초조해서일까?

나 역시 소속감이 주는 안정감이 좋다. 하지만 어딘가에 소속되어 있어도 내가 있어야 할 곳인지 확신이 들지 않아 또 다른 질문을 하게 된다.

'왜 한곳에 소속되어야 하는 걸까? 내가 경험한 모든 것을 아우르는 삶과 정체성, 그리고 커리어를 가질 방법은 어떤 것이 있을까?'

내 커리어 여정에는 양극단에 있는 두 가지 직업이 있다.

가수/아티스트는 업무 환경은 자유롭지만 프라이버시와

같은 일상생활 면에서 포기하는 부분이 있고 공인公人과 유사해 더 엄격한 도덕적 잣대가 요구된다. 대중을 클라이언트로 관리하는 일인데 공식적으로는 비정규직으로 분류되고 수입이 불안정하다.

변호사는 전문직으로서 안정성은 있지만 일의 강도가 세고 승진하기 위한 경쟁, 정치 싸움, 그리고 클라이언트 유치와 관리 등을 해야 하는 상황을 생각하면 불안하기는 마찬가지이다.

이렇게 완전히 반대일 것 같은 두 직업도 생활인으로 고군분투하는 면에서 보면 결과적으로는 크게 다르지 않다. 모든 일은 그 나름대로의 안정과 불안정이 존재한다. 결국, 자신이 서 있는 삶의 시점에서 우선순위를 정하고 그에 따른 능동적인 선택을 하는 것이 최선이다.

소속에 얽매이지 않고 '살아내기'는 내 인생에서 지속될 화두가 될 것임에 틀림없다. 우리나라에 계속 머물렀다면, 하던 음악을 계속했다면, 한 회사에서 한결같이 일했다면, 직업을 하나로 이어갔다면… 이렇듯 수많은 'If(만일 내가 이랬다면)'를 나열하며 고민하고 흔들리는 날들이 앞으로도 있을 것이다. 괜히 인생을 지나치게 복잡하게 사는 것 같아서 스스로가 답답할 때도 있다. 하지만 내 존재에 대한 묘한 혼란스러움이 있기에 안주하지 않고 이런저런 시도를 하며 나만의 독특한 삶을 디자인 할 수 있는 에너지가 생기는 것은 분명하다.

오바마 전 대통령의 책《약속의 땅》에는 그의 고민을 엿볼 수 있는 구절이 나온다.

"나는 이 세상에서 내가 속해 있을 자리를 찾고자 했고, 내가 물려받은 뒤섞인 혈통의 여러 가닥을 설명하고자 했다. 그것이 내가 정치에 입문하게 된 계기였다. 나 자신보다 더 큰 무언가를 좇기로 마음먹고서야 비로소 삶의 목적과 내게 맞는 공동체를 찾을 수 있었다."

나와 확연히 다른 삶을 살아온 그이지만 무척 공감되는 이 구절은 오래도록 내 마음속에 머물렀다. 나 역시 내가 속해 있을 곳을 찾아가는 과정에 있다. 다양한 경험을 통해 뒤섞인 내 고유의 정체성을 정립하고 그에 충실한 삶을 살아갈 방법을 찾고 있다. 회사에 소속되어 있는 사람이든, 프리랜서나 임시직으로 일하는 사람이든, 늘 새로운 프로젝트를 창조하는 예술가든, 디아스포라를 경험하는 이민자든 어느 누구를 막론하고 자신이 속할 수 있는 곳을 찾는 것은 인간의 본성이다. 단지 그 방법이나 모습이 다를 뿐이다.

"소은 씨는 언제까지 이렇게 프리하게 활동할 거예요?"

예전에 피디님이 한 질문을 다시 떠올린다.

답은 명확하다.

"앞으로도 '쭉'이요."

나는 어디에도 속하지 않은 채, 모든 곳에 속할 수 있는 내 삶의 프리 에이전트로 몸도 마음도 자유롭게 내가 만들어가는 길 위에 다시 서고 싶다.

3 담대하게

쇼 미 더 머니!

1996년에 개봉해 대히트를 친 〈제리 맥과이어〉라는 영화가 있다. 미식축구 에이전트 역의 톰 크루즈와 여주인공인 르네 젤위거의 케미스트리가 빛난 이 영화는 여러 시상식에서 각종 트로피를 거머쥐면서 전 세계 관객의 뜨거운 사랑을 받았다. 명장면이 수없이 많지만, 내 기억에 각인된 장면은 쿠바 구딩 주니어가 연기한 축구 선수가 제리 맥과이어와 전화 통화를 하면서 "Show me the Money!"를 외치게 한 장면이다. 계속 자신의 에이전트를 하고 싶다면 말 그대로 돈을 보여줘야 한다는 것이다.

살아가는 데 돈은 중요하다. 물론 이보다 훨씬 중요한 것들이 많지만 돈이 항상 우선순위로 꼽히는 이유는 자아실현을 하고 의미 있는 삶을 살기 위해 현실적인 생활을 영위할 수 있어야 하기 때문이다. 내가 하는 일에 대한 보상이자 노동에 대한 대가를 받는 것은 정당한 일임에도 불구하고 돈에 대해 이야기하는 것은 왜 그렇게 어려울까? 내 가치와 능력치를 나타내는 잣대 중 하나인데 그 값에 대한 대화는 늘 불편함을 동반한다. 말하지 않아도 알아서 척척 챙겨주면 얼마나 좋겠냐마는 절대로 그렇게 안 되는 것이 바로 돈과 관련된 일이다.

로스쿨에서 협상 수업을 들었던 생각이 난다. 롤플레이role play를 통해 실무에 필요한 기술을 연마하는 이 수업은 로스쿨 학생뿐 아니라 비즈니스 스쿨 학생들에게도 인기가 많았다. 협상의 기술은 법조인에게 기본 능력 중 하나이다. 수업은 실제 사건 사례를 바탕으로 진행됐고, 때로는 클라이언트 입장에서 때로는 변호사 입장에서 협상 테이블에 올랐다. 롤플레이가 끝나면 교수님과 학우들의 신랄한 평가가 이어졌고, 도전을 받는 듯한 짜릿한 협상의 묘미에 나는 점점 빠져들었다.

이 같은 실무 중심 수업은 내 성향에 너무 잘 맞았고, 나는 배우가 연기하듯 온몸을 던져 신나게 롤플레이를 했다. 기말고사 평가 후, 수업 중에 드러난 나의 열성이 통했는지 교수님으로부터 다음 학기 협상 수업 조교를 해주었으면 좋겠다는 기분 좋은 제안을 받았다. 무려 세 학기 동안 조교를 하면서 학교 옆 자주 가던 샌드위치 가게 외식비도 벌 수 있었고, 무엇보다 협상에 대해 깊이 공부할 기회를 얻어 로스쿨 대표팀으로 협상 대회에 출전해 여러 학교와 경쟁해보는 경험도 할 수 있었다.

매 수업마다 다양한 사실관계를 바탕으로 사건을 분석하고 협상 전략을 세웠다. 이때 배운 개념들 중 실생활에서 자주 언급되는 것은 바로 BATNA[Best Alternative To a Negotiated Agreement]이다. '협상이 합의로 끝나지 않을 경우 가장 좋은 대안'이라는 뜻으로, 합의되지 않을 때의 최선안을 알아야 협상할 때 자기 위치가 어디인지 분명히 알 수 있다는 의미이다. 롤플레이를 할 때는 직접적인 이해관계가 없어서인지 편안한 접근이 가능했다. 클라이언트와 상대방에게 가장 중요한 이해관계를 파악하고, 시장조사로 최대한 많은 정보를 수집해 데이터 포인트를 확보했다. 졸업 후 로펌 변호사로 일할 때 클라이언트를 대변해 진행하는 협상 역시 정확한 근거를 바탕으로 조건을 제시하며 조율할 수 있었고, 국제기구에서도 여러 기관과 협업하며 기구의 이익을 위한 협상도 대체로 수월하게 해나갔다.

하지만 막상 내 일을 할 때는 달랐다. 나의 가치를 지키기 위해 협상할 때, 특히 정당하다고 생각하는 돈을 요구하고 조율하는 과정은 아무리 수업을 듣고 조교까지 하면서 공부하고 변호사로 일하며 수없이 연습을 해봐도 쉽지 않았다.

가수로 데뷔한 지 이제 20년이 지났다. 물론 그 시간의 반은 뉴욕 법조계에서 일했지만 다양한 프로젝트로 연예계 일도 조금씩 지속해온 나는 지난 10년 동안 몇 차례 광고나 브랜드 홍보대사 역할을 제안받았다. 여러 이유로 성사가 안 된 경우가 대부분이지만, 여기서 내 관심을 끈 것은 협상의 과정이었다. 현역 가수 생활을 할 때처럼 소속사나 매니저를 통하는 것이 아닌, 내가 스스로 협상을 할 때 가장 힘든 점은 나의 가치를 내가 수치화하는 것이었다. 특정한 기준이나 범위도 없이, 광고의 종류와 내가 가진 이미지의 상호작용으로 정해야 하는 내 가치는 조사해서 알 수도 없고 누구에게 물어보기도 힘든 문제였다. 소위 말해 나 자신의 '몸값'을 정하는 일이라 시장조사를 통한 자료 수집에도 한계가 있었다. 결국 나는 내 시간과 역량, 그리고 내가 창출할 가치를 비교할 기준을 최대한 창의적으로 찾았고 그에 맞춰서 협상 시작점을 정할 수밖에 없었다. 이렇게 시작된 협의는 때론 아예 멈춘 적도 있었고, 대화를 지속하다가 다른 이유로 성사가 안 되기도 했고, 끈질긴 협상과 조율을 통해 계약까지 이어진 경우도 있다. 이 모든 경우를 내 가치를 스스로 대변하는 다양한 방법을 실험하고 배울 수 있는 기회로 삼았다.

협상의 어려움은 연예계가 아닌 일반 직장에서 이직 혹은 승진을 할 때도 찾아온다. 사회 초년생일 때는 이미 신입의 연봉이 정해진 경우가 많아서 오히려 쉽지만, 직장을 옮길 때는 대부분 연봉 협상에 들어간다. 돌이켜보면 나 역시 이직할 때 협상을 그리 잘한 편은 아니었다. 법조계에서 로펌과 국제기구 사이에는 누구나 아는 연봉 차이가 있었고, 그걸 충분히 예상하고 감안했기 때문에 미숙하게 처리했던 경험이 있다. 무엇보다도 연봉을 높이기 위한 이직이 아니라 하고 싶은 일의 종류와 커리어 방향을 위한 이직이었기 때문에 연봉을 우선순위에서 밀어놓고 시작한 면도 있었다. 그럼에도 조금 더 기술적으로 접근했어야 했다는 아쉬움이 남는다. 나와 비슷한 시기에 입사한 동급의 비즈니스 디렉터는 연봉 협상 과정에서 파리에서 뉴욕으로 대륙을 옮기며 발생하는 생활비 차이와 재정착 비용도 포함해 조율했다는 사실을 나중에 알았다. 가끔은 금전적인 협상에서 만족하지 못하기도 하지만 그 경험을 스스로 대변하는 능력을 키울 수 있는 기회비용으로 삼기도 한다. 나의 경우에는 이직할 때 경험한 협상의 아쉬움을 토대로 승진 차례가 되었을 때 충분한 준비를 갖춘 후 협상을 시도할 수 있었다.

실리콘 밸리에서 4대 테크 기업을 차례대로 순회하면서 누구나 부러워할 커리어를 쌓은 지인이 있다. 많은 직장에서 이직을 한 경험이 있는 그는 연봉 협상의 결과는 값으로 매길 수 있는 업무 경력, 앞으로 하게 될 업무의 전망, 그리고 자신이 만들어갈 가치 창출을 증명할 수 있는 구체적인 근거 수집에 달려 있다고 말한다. 자신이 이룬 업적뿐만 아니라 입사할 회사의 주식 전망까지 동원하고, 자신이 제시하는 금액을 회사가 합당하다고 판단할 수 있는 데이터를 제공함으로써 이견이 나올 틈을 줄이는 것이 도움이 된다고 한다.

그와 이야기를 나누면서 나라, 직장, 업계별로 협상 문화의 차이가 크다는 것을 느꼈다. 이직이 자주 이뤄지는 실리콘 밸리 테크 업계는 연봉 협상에 대한 대화가 다른 업계에 비해 훨씬 자연스러운 듯했다. 미국이라는 나라 역시 한국에 비해 돈에 대한 요구를 당연히 받아들이는 문화이고, 영국에 비해서도 금전에 대한 대화가 훨씬 자연스럽다. 이렇듯 자신이 속한 사회의 협상 문화를 아는 것 또한 중요한 지표가 된다.

물론 협상을 한다고 해서 그 조건이 받아들여진다는 보장은 없다. 앞서 언급한 BATNA(협상이 합의되지 않았을 때의 최선안)를 고려할 때 협상 테이블에서 떠나야 하는 경우도 분명히 있다. 협상을 통해 얻고자 하는 것보다 더 중요한 삶의 가치가 있는 경우이다. 최근 몇 년 동안 성별에 따른 임금 격차에 대한 논의가 수면 위로 떠올랐다. 다양한 업계에서 일하는 여성들이 비슷한 경력으로 유사한 업무를 하는 남성에 비해 불공평한 대우를 받는 것에 대해 이의를 제기했고, 여러 차례 협상을 시도

한 후 자신의 가치를 인정해주지 않는 직장을 그만두면서 그 부조리한 내막을 공개하기도 했다.

미국 주요 채널의 앵커 미카 브레진스키는 30년 넘는 경력을 지닌 방송 뉴스 베테랑이다. 그녀는 몇 년 전 'Know Your Value(자신의 가치를 알아라)'라는 플랫폼을 론칭했다. 여성들이 사회생활을 하면서 자신의 가치를 평가절하하지 않고 보상과 인정을 당당하게 요구하는 방법을 제시하고 지지하는 캠페인이다. 그녀는 흥미롭게도 어느 인터뷰에서 14년째 진행하고 있는 모닝 뉴스쇼 계약을 할 당시 협상에 실패했다고 말했다. 몇 년에 걸쳐 재협상을 시도한 후에야 드디어 자신의 존엄을 지키는 보수를 받게 되었다고 한다. 계약 초반에 자신의 요구를 강하게 하지 못한 경험이 있었기에 자신이 론칭한 플랫폼의 미션이 강력하게 다가온 것이다. 이렇듯, 나의 가치를 위해 스스로 대변하는 것은 쉽지 않는 일이고, 끊임없이 시도하고 실수하면서 배워야 하는 것임은 분명하다.

최근에 뉴욕에서 미디어 관련 일을 제안받은 적이 있다. 보수를 제시받았을 때, 관성인지 불편함인지 아니면 괜히 돈 밝히는 사람처럼 보이기 싫어서인지 카운터오퍼(원래의 오퍼 조건을 변경하거나 추가해서 다시 제기하는 오퍼)를 말하기가 편하지 않았다. 하지만 생각할수록 내 시간과 노력에 대한 보상이 충분히 이뤄져야 즐거운 마음으로 열심히 일할 수 있을 것 같았다. 마음 한구석에 불만이 쌓여 있으면 일의 능률도 오르지 않기 마련이니까.

나는 담당자에게 문서 한 장을 작성해서 보냈다. 그 일을 하기 위해 내가 필요한 조건을 제시하면서 왜 그 조건이 합리적인지 뒷받침하는 최대한 많은 자료를 언급했다. 결국 내가 제시한 조건은 받아들여졌다. 그 과정을 겪으면서 스스로를 변호하는 기술 역시 연습을 통해 나아진다는 것을 체험했다.

협상은 단순히 금전적인 부분에만 해당되는 것이 아니다. 돈이 가장 중요한 요소가 아닐 때도 생각보다 많다. 이직을 하면서 새로 합류할 회사 인사과와 몇 차례 연봉 협상을 진행한 지인이 있다. 희망 연봉 금액을 새 회사가 100퍼센트 맞춰주기란 불가능해 보였다. 그녀는 어린 자녀들 때문에 스케줄의 유연함이 그 당시 자신에게 가장 필요한 요소라고 판단했고 연봉을 조금 하향 조절하는 대신, 주3일 재택근무와 이에 필요한 지원을 받는 것으로 역제안을 했다. 코로나 사태를 겪으면서 인사과 담당자들이 앞으로 연봉 협상과 더불어 재택근무 혹은 공유 오피스 지원을 패키지로 내걸 것이라는 보도도 나오고 있다. 이처럼 다양하고 창의적인 방법으로 각자 자신에게 중요한 요소를 확보해가는 노력 역시 협상에 필요하다.

협상이 중요한 이유는 통장에 쌓이는 자금 문제에만 국한되는 것이 아니다. 협상하는 과정 그 자체가 자신을 되돌아볼 수 있는 기회를 제공한다. 스스로의 가치를 상세하게 제시할 데이터 포인트를 준비하는 과정은 장기적으로 커리어에서 부족한 부분을 채울 수 있는 방법을 적극적으로 찾아 도전하게 만드는 원동력이 된다. 나아가 자신의 능력에 대해 깊이 생각하고, 스스로의 가치를 자신에게 증명함으로써 프로페셔널로서 자신감을 쌓는 데도 영향을 미친다. 'Show me the money'는 'Show me my value'를 할 때 비로소 가능한 것이다.

광고 마케팅 전문가인 신디 갤럽은 이렇게 말한다. "웃음이 터지지 않고 제시할 수 있는 가장 큰 숫자를 불러야 한다." 흔히 불편할 때 이유 없이 웃음으로써 그 불편함을 덮어버리는 경우가 있다. 자신을 위한 협상을 할 때 머쓱하게 웃지 않고 편안하게 제시할 수 있는 가장 높은 금액을 요구하라는 위트 있는 말이다. 이는 연봉을 비롯한 금액을 협상할 때를 염두에 둔 말이지만 자신을 위한 조건을 협상하는 모든 과정에서 도움이 되는 조언이다.

사회생활에서 나를 지지해주고 끌어줄 수 있는 선배나 멘토의 중요성은 충분히 강조되는 반면, 자기 자신을 보호하는 방법과 스스로를 지지하는 중요성에 대한 대화는 충분히 이루어지지 않는 것 같다. 멘토의 도움도 좋지만 스스로가 자신의 가장 강한 조력자가 되어야 한다고 생각한다. 어떤 능력과 마찬가지로 자신을 지지하는 방법 또한 연습과 경험밖에는 답이 없다. 불편하다고 피하기보다는 생산적이고 정확하게 접근하는 기술을 배우는 과정이라고 여기면 조금은 수월하게 다가갈 수 있다. 정확한 자료 조사를 통해 정보를 수집하고 스스로에 대해 고민하고, 때론 불편함을 인내하면서… 앞으로도 나 자신을 위한 협상은 계속될 것이다.

내가 화이트와인을 마시는 이유

"무엇을 드릴까요?"

칵테일 리셉션 오픈 바 뒤에서 술을 제공하는 바텐더가 활짝 웃으며 묻는다. 여러 종류의 맥주, 레드와인, 화이트와인, 탄산수 그리고 때로는 위스키와 보드카까지 구비되어 있다. 나는 언제나 변함없이 말한다.

"화이트와인 주세요. 소비뇽 블랑."

미국 사회에 온 이후, 다양한 종류의 네트워킹을 경험했다. 법조계 사회에서 업무로 이어진 여러 인맥과의 네트워킹은 물론, 문화예술 비영리단체 일을 통해 알게 된 아티스트와 예술업계 사람들, 그리고 사이드 프로젝트를 하면서 만나게 된 미디어, 출판계, 스타트업 사람들…. 각각 분위기도 성향도 다르지만 모든 만남의 기본은 '서로에게 어떤 도움이 될 수 있을까'

하는 마음에서 출발한다. 운이 좋고 마음이 통하면 그 일을 계기로 개인적인 우정으로 이어질 때도 있다. 물론 머릿속으로 계산기를 두드려대며 자기한테 도움이 될 것 같지 않으면 냉정하게 관계를 잘라버리는 사람도 꽤 만나지만 애초에 진심인 관계로 가지 못할 사람들이라 생각하면 아쉽지 않다.

몇 년간 일했던 국제기구에서 나의 역할은 기구의 콘퍼런스나 회의, 외부 세미나와 프로그램에 참석하고, 기구 대표로 발표를 하고 중재에 대해 교육하는, 일종의 대변인 역할이었다. 국제중재라고 하는 국제분쟁 분야의 현황과 주요 판례는 물론, 북아메리카 시장의 특징을 분석하여 기업과 정부가 필요로 하는 정보를 제공하고 절차의 문제점을 파악해 해결책을 제시하는 업무를 담당했다. 한마디로, 책상에 앉아 있는 시간 못지않게 외부 사람들과 만나는 일이 많은 직업이었다. 기업 미팅, 콘퍼런스, 행사 발표 등 기본적인 업무의 바탕에는 고강도의 네트워킹이 깔려 있었다.

나는 심하게 낯을 가리는 성격은 아니지만, 그렇다고 동창회에서 폭탄주를 제조하고 분위기를 주도하는 외향적인 스타일도 아니다. 오히려 사람이 많은 그룹에서는 조용히 있지만 적은 숫자의 사람들이 모였을 때 많은 이야기를 하고, 파티에 가서 이 그룹 저 그룹을 돌아다니기보다는 한두 명과 긴 시간 대화를 즐기는 내향적인 면이 더 강하다.

그런 내게 기구에서 수없이 마주하게 되는 낯선 환경이 쉽지만은 않았다. 자신에 대한 보호 본능이었는지 익숙지 않은 분위기에서 나의 내향적인 면이 강하게 작동했기 때문이다. 하지만 일면식도 없는 사람과 관계를 맺어야만 일이 성사되는 업무의 특성상 어쩔 수 없이 나는 네트워킹의 고수가 되어야만 했다. 이 일을 맡은 이상, 여러 얼굴을 개발하는 수밖에 없었다. 그리고 내심 동양인 여성이 소극적이라는 잘못된 고정관념과 편견을 꼭 깨보고 싶다는 욕심도 생겼다.

국제기구에 입사하고 출근한 지 딱 2주가 되던 날, 국제중재 분야에서 명성이나 규모 면에서 톱10 안에 드는 콘퍼런스에 참석했다. 우리 기구가 주최하는 행사였는데, 중요한 자리인 만큼 파리 본사에서 총재와 사무총장을 비롯한 여러 임원이 뉴욕을 방문했고, 40개국에서 국제분쟁 전문가 약 250명이 모였다. 국제중재, 말 그대로 'international'의 성격을 띠는 일이기에 매우 다양하고 국제적인 분위기가 조성될 줄 알았다. 그런데 웬걸! 250명 중 동양인은 눈을 씻고 찾아봐도 단 세 명뿐이었고 그중 한 명이 나였다. 세계에서 가장 '국제'적인 도시인 뉴욕에서 '국제' 중재에 종사하는 '국제' 기구의 법원이 주최하는 '국제' 콘퍼런스에 동양인이 세 명밖에 없다니. 여전히 백인 남성 위주인 법조계에서는 그리 놀랄 일이 아닐 수도 있지만, 막연하게 국제회의라서 다를 거라고 생각했기에 적지 않은 충격을 받았다. 뉴욕이 아시아와 거리가 멀어서 참석자 중 아시안이 더 적었을 거라고 나중에 전해 듣긴 했지만 뉴욕에서 종사하는 많은 아시안 변호사의 숫자를 감안했을 때 여전히 놀라운 현상이었다. 그 후에도 무수히 많은 유사한 경험을 했지만 그 첫날의 놀라움과 낯섦은 오래도록 기억에 남아 있다.

막상 콘퍼런스나 국제회의에 가면 발표하고 토론하는 것보다는 네트워킹 자리를 만드는 일이 더 큰 비중을 차지한다. 국제기구에서 근무한 시간 동안 내가 참석한 회의, 미팅, 리셉션과 디너파티는 적어도 500번이 넘을 것이다. 자꾸 연습하다 보면 잘하게 된다Practice makes perfect는 말처럼 네트워킹도 역시 다르지 않았다. 처음에는 '내가 사회성이 이렇게 없었나' 싶을 정도로 그런 자리가 거북했고, 아는 사람 하나 없는 리셉션에서 혼자 와인을 마시며 서 있는 것이 어색하고 불편했다.

하지만 일을 잘해내야 한다는 강박증은 나의 내성적인 면을 삽시간에 차단시켰고 삼삼오오 모여 있는 그룹으로 나를 밀어 넣었다. 대화를 듣다 보면, 그중 한 명 정도는 자기소개를 하며 그 그룹의 다른 사람들을 소개시켜주었다. 그리고 "We were just talking about…"이라며 앞선 대화를 친절하게 요약해주고 대화에 참석할 여지를 마련해주었다. 그런 포용력의 스킬을 관찰한 후, 나 역시 기회가 되면 그 역할을 하려 노력했다. 가끔은 기다려도 대화의 기회가 오지 않을 때도 있었다. 그럴 때는 어쩔 수 없이 내 소개를 하고 "Did I hear you say…?"라고 말하며 대화의 흐름을 파악하고 있었다는 표시를 하면서 대화에 참여할 기회를 얻기도 했다.

어떤 것 하나 편하지 않았지만 그럴 때마다 운동선수가 경기를 위해 훈련하는 것과 마찬가지로 지금 나는 네트워킹 근육을 키우는 중이라고 생각했다. 종종 리셉션 장 옆에 개인 업무를 위해 열어둔 사무실에 들어가 5분 정도라도 혼자만의 시간을 가졌다. 몇 시간 동안 고갈된 나의 외향성 레벨을 재충전하기 위해서였다.

초반의 어색함을 무릅쓰고 네트워킹 훈련을 하자 어느새 사람들을 만날 때마다 자연스럽게 반색을 하는 나를 발견하게 되었다. 딱 한 번 만났을 뿐인데, 그다음에 보면 세상에서 제일 반가운 사람처럼 인사를 하는 내가 가끔은 우습기도 했다. 그 반색에 진정성이 결여되어 있는 경우도 많았지만 사회생활을 하면서 가면을 안 써본 사람이 어디 있을까. 몇 달이 지나자 내가 모르는 사람보다 아는 사람이 더 많아졌고 의례적인 악수보다 비쥬(양 볼에 뽀뽀하는 유럽식 인사)가 더 익숙해졌다. 유럽과 라틴아메리카 법조인이 많은 문화의 영향인 듯싶다. 나중에는 친구들을 만날 때도 무조건 볼에 뽀뽀하려 드는 이상한 습관이 생길 정도였다.

네트워킹을 하는 공간에는 늘 온갖 종류의 술이 준비되어 있다. 어느 나라, 어느 문화나 관계없이 알코올은 분위기를 이끄는 중요한 역할을 한다. 아쉽게도 나는 알코올 분해를 잘하는 체질은 아니지만 페이스 조절을 하면 한 잔 정도로 몇 시간 동안 즐길 수 있다. 사람들이 넘쳐나는 리셉션 장에서 여러 사람과 이야기를 하고 눈도장을 찍으며 돌아다니면서 터득한 요령이 있다. 그건 바로 화이트와인만 마시는 것이다. 비싼 슈트나 드레스에 레드와인을 쏟는 일을 목격하고, 대화를 하다가 잠시 화장실에 들러 거울을 보면 레드와인이 입술에 이상한 그라데이션을 만들어놓은 것을 본 후, 나는 습관적으로 화이트와인만 마시게 되었다. 소비뇽 블랑, 리슬링, 피노 그리지오, 그리고 내가 제일 좋아하는 상세르… 많은 파티와 행사에서 내가 한 뼘 더 성장할 수 있도록 파트너가 되어준 화이트와인의 맛에 어느덧 매료되어 버렸다.

내향적인 사람들이 갖는 힘에 대해 수잔 케인 작가는《콰이어트》에서 이렇게 말한다.

"삶의 비결은 올바른 조명 아래에 자신을 두는 것이다. 어떤 이들에게는 브로드웨이 스포트라이트일 것이고, 다른 이들에게는 램프가 밝혀진 책상일 것이다. 사랑하는 일과 중요한 일을 하기 위해서 타고난 끈기와 집중과 통찰의 능력을 사용하라. 문제를 해결하고, 예술을 창조하고, 깊이 생각하라."

각자 어울리는 조명 아래에서 개인이 가진 고유함으로 빛날 수 있다는 이야기이다. 네트워킹도 다르지 않다. 연습하면 실력이 늘고, 익숙해지면 쉬워지고, 무엇보다도 자신에게 알맞은 방식이 무엇인지 알고 행동하면 자연스럽고 의미 있는 관계가 형성되는 것을 경험할 수 있다. 대단히 외향적인 사람도 나처럼 은근히 내성적인 면이 있는 사람도, 사회생활을 하면서 만나는 많은 사람과 클릭할 수 있는 각자의 스타일이 있다. 자신에게 자연스러운 방식이 가장 매력적이고 효과적이라는 것을 수많은 네트워킹 행사를 통해 확인할 수 있었다.

출장길에서 나와 만나다

플러스알파를 끌어내는 법

나는 한 달에 두세 차례 미국과 캐나다 여러 도시를 순회하며 출장을 다녔다. 북미 대륙하면 대개 뉴욕, 로스앤젤레스, 샌프란시스코, 시카고, 토론토, 밴쿠버 등 대도시를 떠올린다. 하지만 나는 북미 지역을 담당하는 변호사로서 업무 출장이 아니었다면 가보지 못했을 꽤 다양한 도시를 방문했다. 새삼스레 북아메리카의 드넓은 면적에 놀라며 각 지역 특색을 경험하면서 기업 발표, 로펌과 지방자치단체와의 미팅, 그리고 로컬 대학이나 로스쿨에서 강의를 하며 알찬 출장 일정을 소화했다.

타이트한 출장 스케줄과 동시에 본부와 뉴욕 지부의 업무도 계속 진행해야 했기에 무엇보다도 체력이 중요했다. 처음에는 깡으로 버텼지만 점점 한계를 느끼기 시작했다. 그래서 출장 중에 아무리 피곤해도 새벽에 일어나 호텔 피트니스 센터에서 30분이라도 꼭 운동하는 시간을 가졌다. 일정이 시작되기 전 몸을 한번 움직여주면 하루 동안의 피로도에서 확실한 차이를 느꼈다.

복병은 음식이었다. 나는 최소 하루 한 끼는 꼭 밥을 먹어야 하는 토종 한국 식성을 가지고 있다. 하지만 오랜 기간 이어지는 출장에서는 균형 잡힌 식단을 챙기기가 어려웠다. 예민한 내 몸은 곧바로 신호를 보냈고 피부가 푸석해지면서 몸이 무거워지는 것을 바로 느낄 수 있었다. 출장길에서 일일이 한식당을 찾아갈 수도 없고, 대부분의 경우 일의 연장선으로 관계자와 식사를 진행했기에 그들이 예약해놓은 레스토랑에 가곤 했다. 도시마다 유독 유명한 스테이크집이 그렇게 많다는 것도 처음 알았다. 관계자의 호의는 너무 감사했지만 하루가 멀다 하고 스테이크를 먹는 것은 내겐 고역이었다. 일정이 끝나고 호텔로 돌아와 한국 요리 프로그램 영상을 보면서 시원한 시래깃국에 밥을 말아 먹는 상상을 하곤 했다.

자주 출장을 다니다 보니 어디서도 노트북을 펼쳐놓고 일할 수 있는 집중력이 길러졌고, 5분 만에 출장 가방을 완벽히 풀고 다시 깔끔하게 정리하는 전문가가 되었다. 비행과 호텔 숙박 필수품은 눈 감고도 챙길 수 있었고, 무엇보다도 집 밖에서 컨디션을 조절하는 방법을 하나씩 터득하게 되었다. 일정

사이사이 틈날 때마다 20분씩 자는 쪽잠의 위력을 알았고, 출장길에서도 컨디션을 유지시켜줄 음식을 골라 먹는 요령도 생겼다. 예를 들면, 부족하게 마련인 과일과 야채 섭취량을 늘리기 위해 아침은 무조건 생과일주스로 대신하는 것, 웬만한 도시에 하나쯤은 있는 일식집에서 김밥 대용으로 롤을, 된장찌개 대용으로 미소 수프를 시켜 먹는 것, 스테이크집에서 고기보다는 사이드 메뉴를 넉넉하게 시켜서 구운 야채 위주로 먹는 것… 그런 요령으로 출장길이 조금씩 수월해졌다.

하지만 여러 출장의 경험이 내게 준 가장 큰 수확은 자신감이었다. 자주 가는 출장이어도 새로운 도시에서 새 일정을 준비하는 마음은 늘 긴장 상태였다. 경험이 쌓여 익숙해질 만도 한데 발표와 미팅을 잘해내고 싶은 욕심, 관계자들에게 좋은 인상을 심어줘야 한다는 강박을 매번 느꼈다. 그런 부담감 속에서 점차 스스로 부족하다고 생각하는 마음을 곧추세우며 용기와 담력을 기르는 기회로 삼았다. 어떤 상황에서도 내 스타일대로 할 때 좋은 관계가 형성된다는 것, 완벽하지 않은 나 자신을 인정해주는 법 역시 배웠다. 출장길에서 만난 수많은 사람들과의 관계와 경험의 깊이보다 더 의미 있었던 것은 더 단단하게 단련되어가는 나 자신과의 만남이었다.

매우 우중충한 2월, 두 시간의 비행 끝에 클리블랜드 공항에 도착했다. 떠나온 뉴욕도 눈보라가 날리고 회색빛 하늘로 덮여 있었는데, 오하이오주는 그보다도 5도 정도 낮은 매우 추운 날씨였다. 호텔로 향하는 택시 안에서 이메일 확인을 해보니 다른 연사들도 도착해 안부를 주고받고 있었다. 클리블랜드에 위치한 대형 로펌과 로스쿨의 초대로 중재에 관한 패널 참석과 더불어 클라이언트와의 비즈니스 디너가 계획되어 있었다.

행사 전날, 우리를 초대한 로펌의 변호사 몇 명과 로스쿨 총장 그리고 모든 연사가 모여서 저녁 식사를 하고 클리블랜드 캐벌리어스 농구팀의 경기를 보기로 약속되어 있었다. 스포츠 경기를 보고 열광한 경험은 2002년 월드컵을 빼면 전무했지만 우리를 위해 박스석을 준비했다는 얘기를 듣고 어떤 광경일지 기대가 되었다.

출장을 갈 때마다 거치는 의식이 있다. 호텔에 도착하자마자 내가 좋아하는 재즈 음악을 틀어놓고 짐가방을 풀어 다음 날 입을 의상을 걸어놓는다. 따뜻하게 샤워를 한 다음, 상쾌한 마음으로 미팅과 발표를 위한 자료를 리뷰하고 그날 만날 사람들에 대한 기본 정보를 훑어본다. 영어 표현 중에 '게임 페이스'라는 말이 있다. 어떤 일을 하며 짓는 결의에 찬 표정을 일컫는 말로, 준비 태세에 돌입한다는 것을 의미한다. 아는 사람이라고는 로펌 대표 변호사 한 명뿐, 초면인 여섯 사람과 저녁 식사를 함께하고 농구 게임 관람을 하기 위해서는 게임 페이스가 필수였다. 옷을 갈아입고 게임 페이스를 하고 식사 장소인 레스토랑으로 향했다.

비즈니스 디너를 가기 전에는 혹시 발생할지 모를 어색한 침묵을 깨기 위해 몇 개의 이야기 소재를 준비하곤 한다. 침묵이 있어도 상관은 없지만, 조금이라도 어색한 분위기가 생기면 내가 깨야 한다는 이상한 강박이 있다. 사실 방법은 어렵지 않다. 변호사들은 워낙 말하는 것을 좋아하기 때문에 몇 개의 질문을 미리 생각해놓고 그 질문을 던지며 이야기를 시작하면 잘 경청하기만 해도 좋은 인상을 심어줄 수 있다.

우리가 초대된 곳은 호텔 근처 스테이크 하우스였다. 필레미뇽과 여러 종류의 사이드 디시를 먹으며 국제분쟁 업계 뉴스에 대한 이야기를 나누었다. 유머러스한 로펌 변호사 덕분에 어색한 침묵이 끼어들 틈이 없어 다행히 준비한 이야기를 꺼낼 필요가 없었다.

식사를 마치고 일행과 10분 거리에 위치한 농구 경기장으로 걸어갔다. 매서운 칼바람 때문인지 홀짝홀짝 마신 레드와인 때문인지 빨개진 볼을 비비며 인파를 뚫고 안내받은 자리에 앉았다. 세상에! 텔레비전에서만 보던 농구 선수들이 손을 뻗으면 닿을 것 같은 거리에 있는 것이 아닌가. 농구에 문외한인 나조차도 아는 농구 스타 르브론 제임스가 이 팀에 속해 있었다. 난생처음 농구장에 가본 나는 훌륭한 박스석에서 제임스의 얼굴에서 흘러내리는 땀방울 하나하나까지 보며 신나게 경기를 즐겼다. 앞으로 어떤 경기를 관람해도 박스석 아니면 시시할 거라는 농담을 하며 함께 간 일행과 환호하고 하이파이브를 나누었다.

왜 클라이언트와 문화, 스포츠 생활을 하는지 100퍼센트 이해되는 경험이었다. 캐주얼한 분위기에서 친분을 쌓기에는 스포츠만 한 게 없었다. 디너에서 만났을 때만 해도 매우 비즈니스적인 인사를 나눴던 우리는 어느덧 슬램덩크를 보며 포옹하고 있었다. 클리블랜드의 승리에 기쁨이 고조된 우리 일행은 경기장에 입장했을 때보다 몇 배는 더 좋은 분위기로 그날 일정을 마무리했다. 나는 기분이 너무 좋은 나머지 코리안 스타일로 3차를 가고 싶은 마음을 꾹 눌렀다.

호텔로 돌아오니 밤 11시가 훌쩍 넘어 있었다. 마음을 가다듬고 다음 날 행사를 위해 준비해온 노트를 훑어보고 취침할 생각이었다. 패널의 모더레이터이자 기구를 대표하는 연사 역할을 맡은 나는 꼭 짚고 넘어가야 할 질문과 이슈를 정리해 왔는데 이를 바탕으로 자연스럽게 질의응답을 진행할 계획이었다. 잠옷으로 갈아입고 거울 앞에서 소리 내어 생각해두었던 멘트들을 혼자 중얼거려보았다. 일종의 리허설인 셈이다.

이슈와 키워드를 뽑고 정리하는 데 꽤 많은 시간을 할애했음에도, 자연스럽게 말로 풀어내는 것은 생각만큼 쉽지 않았다.

'피곤해서 그런가? 다시 해봐야지.'

하지만 계속해서 말이 꼬이고 문장이 막혔다. 어감도 말투도 어색한 느낌이었다.

'패널 초반부터 버벅거리면 큰일인데, 아예 대본을 써서 읽어야 하나?'

농구 게임으로 고조되었던 기분은 한순간에 바닥으로 떨어졌고 걱정에 사로잡혔다. 침대에 누워서 잠들 때까지, 그리고 다음 날 새벽에 일어나 준비하는 내내 큰 소리로 오프닝 멘트와 소개, 그리고 준비해온 이슈와 질문을 중얼거렸다. 여전히 버벅대긴 했지만 전날보다는 조금 자연스러워진 듯했다. 말을 하다가 막히는 곳은 늘 문장의 동사였다. 여러 개의 동의어를 써놓고 순서대로 각각 문장에 적용하여 연습해봤다. 리허설을 너무 많이 하면 경직되고 부자연스럽게 들릴 우려가 있지만 이렇게라도 해야 마음이 놓일 것 같았다. "말이 꼬이면 자연스럽게 다시 시작하면 돼. 살짝 노트를 보고 해도 돼. 편안하게 대화를 즐겨"라고 큰 소리로 나 스스로에게 최면을 걸었다.

오전 11시 30분, 패널에 참석하는 로펌 파트너와 호텔 로비에서 만나 같이 택시로 이동했다. 행사장에 가보니 벌써 많은 참석자들이 도착해서 오찬을 즐기고 있었다. 농구 경기 관람 덕분에 급속도로 친해진 패널 스피커들과 이야기를 나누다 보니 어느덧 시작할 시간이 되었다.

모더레이터는 발표가 주제에서 벗어나지 않도록 전체 대화를 이끌고, 좋은 질문을 통해 각각의 전문가로부터 핵심 정보를 이끌어내야 한다. 물론 연사 소개만 하고 연사 각자가 발표를 하도록 내버려두는 모더레이터도 있지만 내 경험에 비추어보면 그런 경우 금방 지루해지고 참석자들은 흥미를 잃는다. 행사 몇 주 전부터 모든 발표자들과 미리 통화해 공유하고 싶은 주제와 내용에 대한 정보를 교환했고, 그 정보를 바탕으로 질문지를 작성했다. 전문성과 경험에 의거해 토론 테이프를 끊을 사람을 정해두기도 했다. 모든 발표자가 원활하게 소통할 수 있게 주재하는 역할을 하고 싶었고, 무엇보다 참석자들의 자연스러운 참여를 이끌어내어 활기 넘치는 대화를 나누는 것이 목적이었다. 로스쿨 총장이 행사에 대한 소개 멘트를 한 후, 나한테 마이크를 넘겼다. 그날의 주제는 국제분쟁에 관한 여러 '선택'에 대한 것이었다.

《처칠처럼 말하고 링컨처럼 서라Speak like Churchill, Stand Like Lincoln》라는 책이 있다. 대학생 때 언니의 추천으로 읽었는데 책 속에 나온 몇 가지 조언은 아직도 생생하다. 그중, 말을 할 때 중요한 포인트 전에 잠시 멈추는 데에서 큰 힘이 나온다는 이야기가 있었다. 이를 파워 포즈Power pause라 한다. 우리가 잘 아는 뛰어난 언변가들은 잠시 멈춤으로써 듣는 사람들이 숨을 죽이고 기대하게 만드는 역할을 하는 이 기법을 잘 이용한다.

'말이 꼬이면 무조건 파워 포즈를 하는 거야. 멈춰서 생각을 정리하고 긴장을 놓지 않으면 더 집중력을 끌어낼 수 있어. 버벅대는 것이 아니라 일부러 파워 포즈를 하는 거야.'

전날 연습의 효과인지 마음을 비워서인지 우려와 달리 말이 자연스럽게 흘러 나왔다. 패널 분위기도 좋았고 질문과 답변이 오고 가는 동안 나는 청중의 참여를 이끌었고 대화가 유기적으로 흘러갈 수 있도록 조율했다. 어느새 시계를 보니 정리를 할 시점이었다.

"저희가 준비한 국제분쟁에서의 '초이스' 패널은 여기서 마무리하겠습니다. 각 케이스에 따라 옳은 선택을 하는 데에 도움이 되었으면 좋겠네요. 마지막으로 오늘 가장 중요한 초이스였던, 이 프로그램에 참석을 선택하신 여러분, 감사합니다" 라고 마무리 멘트를 했다. 청중은 큰 웃음과 함께 모든 패널들에게 박수를 보냈다.

행사가 끝난 후 바로 공항으로 향했다. 로펌 파트너가 성공적인 행사를 축하하며 모든 연사들에게 보낸 공식 메일에 답장을 하고 비행기모드로 전환하려는데, 파트너로부터 한 통의 개인 메일이 도착했다는 알람이 떴다. 행사가 끝나고 참석자들, 교수들과 이야기를 나누다, 모더레이터 역할을 한 나에 대한 호평이 오고 갔다는 이야기를 전해주고 싶어 따로 메일을 보냈다는 것이었다. 매끄럽고 흥미진진한 진행과 적절한 존재감이 인상적이었다는 평이었다. 몇 주 동안 준비하고 연습하고 고민했던 시간이 보상받는 느낌이었다.

예전에 뮤지컬 활동을 할 때 함께 공연한 배우가 '연습 앞에 장사 없다'는 이야기를 한 적이 있다. 유명한 스타라 해도, 타고난 재능이 있는 사람이라 해도 연습이 부족한 것은 드러나게 마련이다. 연습의 중요성은 아무리 강조해도 지나치지 않는다. 그래서인지 어떤 일은 지나치다 싶을 만큼 준비하는 습성이 생겼다. 하지만 업무를 하다 보니, 실력이 출중해서 혹은 준비가 충분히 되어서라기보다는 상황이 주어져서 하는 경우가 더 많다. 나아가 절대적인 시간 부족, 자원 부족, 인력 부족의 상태에서 일을 해야 하는 상황도 많다. 자신이 만족할 만한 연습을 할 때까지, 실력을 쌓을 때까지, 좋은 환경이 주어질 때까지 무조건 기다릴 수만은 없다.

어떤 일을 하기에 완벽히 준비된 때란 없을 수도 있다. 이럴 때, 부족한 준비나 상황을 보완해주고 메꿔주는 것은 바로 '배짱과 대범함'이다. 그런 마음에서 나오는 내적인 힘은 때로는 철저한 준비보다 더 강렬한 에너지를 발휘하기도 한다. 특히 외국인으로서 사회생활을 해야 할 때 다른 어떤 준비보다 가장 현실적으로 필요한 요소이다. 네이티브처럼 유창한 말발과 명백한 다수에 속하는 그들의 익숙함을 따라잡으려고 애쓰는 대신 조금 부족한 80퍼센트에서 플러스알파를 이끌어내 90퍼센트를 발휘할 수 있는 배짱을 기르는 연습이 더 현실적인 전략이 될 수 있다. 그리고 그 연습을 통해 길러진 자신감은 곧 실력이 된다.

출장길에서 나와 만나다

인생은 희극이다

기업 미팅에 참석하기 위해 뉴욕에서 여섯 시간의 비행 후 세 시간 시차가 있는 로스앤젤레스에 정오에 도착했다. 이른 아침에 탑승한 국내선 기내 음식이 너무 맛없어서 아무것도 먹지 못한 배에서는 꼬르륵 소리가 들리기 시작했다. 그날 미팅 장소는 엘에이 공항에서 차로 15분 정도 떨어진 곳에 위치한 아이들 장난감 브랜드 세계 1위 기업의 본사였다. 미팅 장소에 도착해 캐리어를 리셉션에 맡기고 여유 있게 점심을 먹은 후 2시 미팅을 하는 완벽한 계획을 세웠다. 공항에서 곧바로 택시를 타고 12시 30분 즈음에 클라이언트 회사 앞에 내렸다. 하지만 전혀 예상치 못한 상황이 나를 기다리고 있었다.

뉴욕이나 서울 같은 '도시'의 모습을 상상한 내 기대와는 달리 허허벌판 한중간, 여러 건물이 세워진 기업 단지에 나 홀로 떨궈졌다. 레스토랑이나 카페는 눈 씻고 찾아봐도 없었다. 당혹스러웠지만 미팅이 있는 건물에 들어가 문의해보기로 했다. 내가 끌고 가는 캐리어의 바퀴 소리가 유난히 크게 들렸다. 리셉션에 가서 방문증을 받고 가방을 맡기며 혹시나 하는 마음으로 친절한 리셉셔니스트에게 근처에 레스토랑이 있느냐고 물었다. 직원 식당이 있지만 직원과 동행해야 식사를 할 수 있고, 도보로 약 20분 거리에 스타벅스가 하나 있다고 알려주었다. 노트북과 핸드백을 들고 왕복 40분을 걸어서 스낵을 사 먹는 것은 무리였다. 할 수 없이 리셉션 공간에 있는 의자에 앉아 한 시간 넘게 기다리는 수밖에 없었다. '이럴 줄 알았으면 공항에서 뭐라도 먹는 건데….' 너무 허기져서 갑자기 온몸에 힘이 쫙 빠졌다. 배가 고파서 돌아버릴 지경이었다.

'맞아! 아몬드!'

마침 비행기에서 스낵으로 준 아몬드 봉지를 주머니에 넣어둔 게 생각났다. 비행기에서 몇 개 더 달라고 할걸, 하는 후회를 하며 아몬드를 마치 세기의 별미인 양 하나씩 음미하며 씹어 먹었다. 아몬드가 너무 고마운 이 상황이 한심해서 헛웃음이 나왔다.

미팅 준비나 하자는 마음으로 노트북을 꺼내 들고 발표 자료를 다시 훑어보았다. 최근 장난감 업계와 관련된 분쟁, 계약 관계를 맺고 있는 다른 기업과 국가를 전반적으로 조사한 자료를 다시 읽어보았다. 하지만 이미 수없이 리뷰한 자료라 곧 지루해졌고 미팅을 끝내고 갈 호텔 근처에 어떤 맛집이 있는지 검색하기 시작했다. 여러 옵션을 두고 메뉴와 리뷰를 보면서 밥을 먹는 상상을 하고 있는데 법무팀 직원이 나를 데리러 로비로 왔다. 어느덧 2시가 된 것이다.

보안검색을 통과하고 엘리베이터에서 그 직원과 이야기를 나누다가 회사의 장난감을 아웃렛 가격으로 파는 기프트숍이 있다는 정보를 입수했다. 장난감을 포장하고 운반하는 과정에서 조금씩 상처가 난 제품을 반값에 판매하는 곳이라 들었고, 미팅이 끝나면 조카를 위한 선물을 골라야겠다는 계획을 세웠다.

'밥도 못 먹고 일하러 왔는데 이거라도 건져야지!'

회의실에 도착해 나와 미팅을 하게 될 팀을 기다렸다. 1분도 채 지나지 않아 문이 열렸고, 안경을 낀 삼십 대 후반으로 보이는 남성 한 명이 체크무늬 셔츠와 카키색 바지를 입고 들어왔다. 나는 일어나서 악수를 하고 다른 사람들이 들어올까 싶어 문 쪽을 바라보았더니 그가 말했다.

"다른 팀원 네 명은 아쉽게도 급한 일이 생겨서 오늘 미팅은 저와 둘이서 진행합니다."

대여섯 명이 참석하는 미팅이라고 전달받고 파워포인트를 준비해온 나는 살짝 당황했다. 한 명 앞에 서서 발표를 하는 것보다 마주보고 앉아서 대화하듯 자료를 보는 게 덜 어색하겠다 싶어서 제안했더니 그는 별 코멘트 없이 동의했다. 발표 자료를 그에게 전해주고 맞은편에 자리를 잡았다. 거대한 회의실 원형 테이블 한쪽 구석에서 단둘이 마주보고 있는 상황이 너무 웃기는 그림이었다.

평소에도 웬만하면 파워포인트에 의존하지 않고 이야기하듯 발표하는 스타일이라 다행이었다. 발표 자료를 함께 훑으면서 설명하는 방식으로 진행했다. 기업에서 발표를 하다 보면 대부분 중간중간 질문을 하기도 하고 어떤 핵심 이슈에 대한 구체적인 정보를 요청하면서 이야기가 자연스럽게 풀린다. 그런데 이 변호사는 처음부터 끝까지 헛기침만 하고 한마디 말도 없이 가만히 있는 것이었다.

'도대체 내 말을 듣고 있긴 한 거야?'

자료만 조용히 읽으며 고개를 끄덕이지도 눈빛이 변하지도 않고 내가 하는 말에 아무런 반응도 보이지 않았다. 조금이라도 반응을 보일 틈을 주기 위해 주요 포인트 뒤에 살짝 멈췄지만 몇 초 동안 어색한 침묵만 흐를 뿐이었다. 혼자 떠들고 있자니 민망하기도 했지만, 그보다 더 큰 문제가 있었다. 천둥이 치는 것 같은 꼬르륵 소리가 배에서 계속 나고 있었는데 마주보고 앉아 있는 조용한 회의실에서 안 들릴 수가 없었다. 꼬르륵 소리도 숨기고 미팅이 조금 더 활기를 띨 수 있기를 바라며 목소리 크기를 일부러 한 단계 높였다.

쌍방으로 대화를 하면 한 시간이 걸릴 발표가 나의 독백으로 30분 만에 마무리되었다.

"제가 준비한 건 다 끝났는데, 질문 있으신가요?"

자료에 이것저것 메모를 해놓은 걸 보면 내가 한 이야기를 아예 안 들은 건 아닌 듯싶었다. 그는 잠시 생각하더니 마치 최면 상태에서 깨어난 사람처럼 말을 하기 시작했다. 그의 이야기를 가만히 들어보니 그 변호사는 이 기업의 법무팀으로 오기 전 중재 케이스를 많이 경험해본 사람이었다. 중재 사건에서 일어날 수 있는 모든 문제의 경우의 수를 언급하면서 기구 입장에서 어떻게 풀어나가는지 자세하게 질문하기 위해 처음부터 끝까지 듣고만 있었던 것이다. 그는 특히 중재라는 분쟁 해결 방식에 대해 안 좋은 경험이 있는 듯했고, 사건을 관리하면서 겪은 어려움을 토로했다. 나는 침착하게 최대한 도움이 될 수 있는 정보를 제공했고, 당장 자료가 없는 구체적인 질문에 대한 답은 본부와 소통해서 팔로우업하기로 약속했다. 대화를 나누다 보니 어느새 한 시간의 미팅이 끝났고, 난 빈속에 진을 다 빼서 완전히 녹초가 되었다. 회의실 테이블에서 일어나는데 머리가 핑 도는 것 같았다. 미팅 시작부터 끝까지 무표정으로 일관하던 변호사는 그제야 나에게 악수를 청했다. 눈매는 전혀 움직이지 않고 입꼬리만 살짝 올라가는 미소를 지으며 말했다.

"동료들이 발표를 놓쳐서 아쉽네요. 여기까지 와주셔서 감사합니다. 많이 배웠어요."

도움이 되어서 다행이라는 인사를 하고 헤어지는 제스처를 하니, 나를 아래층까지 배웅해주겠다고 하는 것이 아닌가.

'미팅 내내 무관심하더니 왜 끝나고 굳이 친절하게….'

사실 난 너무 배가 고픈 나머지 회의실에 있던 물병 두 개를 다 마셔서 화장실이 급했다. 빨리 인사를 나누고 편안하게 화장실도 다녀오고 구두도 갈아 신고 장난감을 사서 밥 먹으러 갈 생각이었는데, 화장실 간다고 할 타이밍이 애매해져 버렸다! 할 수 없이 그와 함께 엘리베이터를 타고 로비까지 갔다. 그는 또 친절하게(?) 내 방문증까지 반납해주고 맡겨둔 캐리어까지 받아서 같이 건물 밖으로 나갔다. 차를 가지고 왔냐는 질문에 택시를 탈 거라고 했더니 우버Uber를 부를 때까지 같이 기다릴 분위기였다. 안 되겠다 싶어서 결국 나는 말했다.

“저기… 여기 장난감 가게가 있다고 들었어요. 조카 선물을 좀 사고 싶은데….”

그제야 그 변호사는 또 한 번 입꼬리 미소를 지으며 기프트숍으로 가는 길을 알려주고는 마지막 인사를 한 후 건물로 들어갔다. 기프트숍까지 데려다주지 않은 게 천만다행이었다. 혹여나 또 마주칠까 싶어 나는 몇 분을 밖에서 기다렸다 안으로 들어갔다. 그가 리셉션 로비에 없는 것을 확인한 후, 화장실을 다녀오기 위해 다시 방문증을 끊어야 했다. ‘별의별 짓을 다 한다.’ 정말이지 희한한 디테일의 하루였다. 돌고 돌아 장난감 가게로 또 캐리어를 질질 끌고 가면서 참았던 웃음이 결국 터져버렸다. 조카를 위해 불이 번쩍이면서 소리가 나는 기차 세트를 고른 후, 택시를 불러 타고 호텔 체크인도 미룬 채 베벌리힐스 지중해식 레스토랑으로 직행, 애매한 오후 4시에 거의 3인분을 주문해 혼자 근사한 진수성찬을 즐겼다.

그 출장 이후로 내 가방에는 늘 그래놀라, 비스킷, 견과류 등 여러 종류의 비상식량이 들어 있다. 언니 집에 놀러 가서 조카의 기차 장난감을 볼 때마다 그날의 기억이 떠올라 혼자 웃곤 한다. 그날 하루의 에피소드를 모으면 한 인물의 심리를 다룬 코미디 모노드라마가 될 수 있을 것이다. 사실 곰곰이 생각하면 우리의 인생 전체도 그날의 디테일과 다르지 않다. 예상치 못한 어이없는 일들이 수시로 일어나고 배고픔이나 변의 같은 생리적인 현상은 언제나 중요하다. 사람과의 관계에서 첫인상이 전부가 아니라는 것을, 그래서 판단은 보류해야 한다는 것을 깨닫기도 한다. 지치고 힘이 빠진 상황 속에서도 한번 크게 웃어버리고 나면 다시 발걸음이 경쾌해지기도 한다. 찰리 채플린은 이래서 "인생은 가까이에서 보면 비극이지만, 멀리서 보면 희극이다"라고 하지 않았을까 싶다. 난 종종 그날 하루 일련의 과정을 떠올리면서 다시 한번 기억하려 한다. 한 가지 일에 함몰되어 좁은 시야로 보면 모든 사건 하나하나가 힘겹고, 한 발 물러서서 전체를 바라볼 수 있다면 우리 삶은 그저 웃기는 일투성이라는 사실을.

진심의 가치

국제기구에 입사한 지 1년이 지났을 무렵, 나는 유엔 산하 기구인 UNCITRAL United Nations Commission on International Trade Law의 아시아 태평양 무역법 포럼에 연사로 초대받았다. 출장을 핑계로 그리운 우리나라에 갈 수도 있고, 유엔 콘퍼런스에서 폐회사를 할 기회도 생기니 더할 나위 없이 반가운 소식이었다.

세대별 대담 형식으로 진행될 예정인 연설은 "How Trade Law Makes the World a Better Place(무역법이 어떻게 더 좋은 세계를 만드는가)"라는 주제로 계획됐다. 싱가포르 정부에서 오랜 기간 부법무국장으로 재직한 연륜 있는 변호사가 과거의 업적을, 내가 미래의 포부에 대해 연설하는 구성이었다. 이 분야에서 유명한 전문가와 릴레이 연설을 하는 것이 부담되기는 했지만, 다양한 아이디어를 공유할 수 있는 좋은 기회이니 무조건 수락했다.

콘퍼런스 참석이 확정된 후 전달받은 프로그램을 살펴보니, 무역법과 관련된 웬만한 주제는 사흘 동안 이어지는 다양한 세션에서 다뤄질 것 같았다. 무역법이 세상에 미치는 영향에 대해 생각하고 자료를 찾아보며 여러 관점에서 연설 방향을 고민했다. 고민 끝에 나는 콘퍼런스 내내 다뤄질 구체적인 법 조항에서 벗어나, 국제무역법의 발전으로 이뤄낸 국가 간 협력과 경제력 향상, 공급망에서의 인권 문제, 혁신을 가능케 하는 민주주의와 자유, 환경 보호의 책임 등 통합적인 대화와 노력을 촉구하는 메시지를 전달하기로 마음먹었다. 그 후 몇 달 동안, 나는 내 주말을 통째로 쏟아부으며 매일같이 연설문 준비에 집중했다.

콘퍼런스 날짜가 다가왔다. 연설과 더불어 서울에서 몇 개의 기업 미팅이 잡혀 있었다. 일주일 동안 빡빡한 스케줄을 소화한 다음 약 2주간의 휴가를 갖기로 한 나는 긴장과 설렘을 안고 비행기에 올랐다. 연설의 막바지 작업과 기업 미팅 발표 준비로 비행기에서의 열네 시간이 순식간에 지나갔다.

콘퍼런스가 열리는 호텔에서 짐을 부린 나는 식사를 하면서도 무역법 포럼 자료를 들고 준비하는 많은 사람들을 보며 스멀스멀 피어오르는 긴장을 애써 누르며 내 자료에만 집중하려 했다. 유엔과 함께 프로젝트를 추진한 경험은 있었지만 연설을 혼자 맡은 것은 처음이었다. 기구 대표로서, 그리고 개인적으로도 법조인이 된 후 가장 큰 행사에서 주어진 기회를 완벽하게 해내고 싶었다. 무엇보다, 우리나라에서 개최하는 콘퍼런스에서 한국 사람으로서 더 잘하고 싶은 욕심이 끓어올랐다. 이미 연설은 누가 툭 치기만 해도 달달 외우고도 남을 상태였다.

첫 세션이 시작됐다. 행사장에는 꽤 많은 인원이 모여 있었다. 아시아 태평양 지역 50개국에서 참석한 콘퍼런스답게 미국이나 유럽에서의 행사와 달리 참석자 중 아시안의 비중이 컸다. 이런 친근감이 그리웠던 것일까. 다른 행사에 참석할 때와는 사뭇 다른 익숙함과 편안함을 느끼며 빈자리를 찾아 홀을 훑어보았다. 한 중년 남자의 옆자리가 비어 있어 착석하고는 바로 네트워킹 페이스로 탈바꿈을 했다. 옆자리 남성 분은 알고 보니 나도 협업해본 적 있는 대형 로펌의 파리 지사에서 아프리카 지역을 총괄하는 변호사였다. 서로 공통으로 아는 사람들의 안부와 파리, 서울의 이야기로 대화는 곧 무르익었다.

어느새 오전 세션이 끝나고 점심시간이 되었다. 나는 식사자리에서 함께 릴레이 연설을 하게 될 싱가포르 변호사를 만났다. 반갑게 악수를 하고 함께 식사를 하면서 연설의 방향에 대한 이야기를 시작했다. 하지만 내가 준비한 연설의 테마를 듣던 변호사는 고개를 갸우뚱하면서 말했다.

"내 생각은 좀 다른데요, 법체계에 대한 구체적인 방안이 나와야 하지 않겠어요? 국제무역 분쟁을 전문적으로 다루는 법원을 만든다든지?"

예상치 못한 반응에 순간 당황해서 대답을 할 수가 없었다. 연설 준비를 하면서 국제무역법 조항, 컨벤션, 그리고 법 제정의 새로운 움직임을 연구하고 공부했다. 하지만 자료를 섭렵할수록 국제무역법이 세상을 바꾸는 방법을 탐구하는 이 주제만큼은 개별적인 법체계보다 국제법 커뮤니티의 방향을 제시하는 것 또한 중요하다고 생각했다. 더군다나 콘퍼런스 기간 동안 세세한 법 조항과 새롭게 시도되는 방안에 대한 열띤 토론을 할 예정이었는데, 폐회사에서 그 내용을 반복하는 것은 별 의미가 없을 거라 판단했다.

하지만 40년 동안 정부에서 무역법 전문가로 일해온 분의 조언을 들으니, 갑자기 내 연설에 대한 확신이 휘청거리기 시작했다. 엉뚱한 내용으로 망신당하면 어떡하나, 하는 두려움이 머릿속을 휩쓸었고, 지난 몇 달 동안 준비했던 노력이 수포로 돌아가는 것만 같았다. 순식간에 입맛이 완전히 사라진 나는 남은 식사를 하는 둥 마는 둥 하고 호텔로 돌아왔다.

노트북을 켜고 심혈을 기울여 완성한 연설문을 열어놓고 스크린을 물끄러미 바라봤다. 시차로 인해 졸음이 쏟아질 시간이었지만, 머리만 아프고 잠은 잘 수가 없었다. 방금 들은 조언을 바탕으로 추가할 내용이 있는지 다시 조사에 들어갔다. 몇 달 전에 읽었던 논문과 책, 보도자료와 법 조항을 다시 살펴보기 시작했다. 환영식 겸 저녁 만찬 전까지 남은 세 시간 동안 쫓기는 마음으로 작업에 착수했다.

몇 시간 후, 인쇄를 해온 연설문은 펜 자국만 무성한 채 그대로였다. 환영식에 갈 시간이었다. 노트북을 덮으며 스스로에게 말했다.

"어차피 밥은 먹어야 하잖아."

환영식은 같은 호텔 2층 리셉션 룸에서 진행되었다. 호주, 베트남, 말레이시아, 일본, 미국, 독일 등 여러 국가의 변호사들과 인사를 나누고 대화를 하면서도 온통 내 마음은 연설문 걱정이었다. 애써 불안한 마음을 누르고 만찬을 즐기려 노력했다. 느지막이 방으로 돌아온 나는 먼저 커피를 진하게 내렸다. 다시 집중할 시간이었다.

그날 밤, 연설문을 붙잡고 실랑이를 했다. 읽었던 자료를 읽고 또 읽고, 새로운 자료를 찾고, 언급할 만한 법 조항을 분석했다. 하지만 글자들만 눈에 보일 뿐, 뇌가 멈춘 듯 추가할 만한 포인트가 정리되지 않았다. 억지로 서너 시간 잠을 청한 후 다시 집중했다. 수만 가지 생각이 한꺼번에 몰려들며 가슴이 쿵쾅거렸다.

'곧 발표해야 하는데 이렇게 집중이 안 되다니. 어떡하지?'

'싱가포르 변호사는 엄청난 전문가인데, 그분이 내 스피치 방향이 잘못됐다고 하니 정말 큰일이다.'

'지난 3개월 동안 그렇게 많이 공부해서 준비했는데, 다 헛수고야. 미치겠다, 정말.'

'당황하지 마, 소은아. 정신만 똑바로 차리면 돼.'

'처음으로 돌아가보자. 국제무역법이 더 좋은 세상을 만드는 미래의 관점이라…. 미래에는 국가 간 교류가 증가할 거고, 더 많은 나라들이 협업하고 계약하고 또 그에 따르는 분쟁이 있겠지? 그럼 우리 기구의 중재 조항에 따라 분쟁이 해결된다는 것에 초점을 맞출까? 그런데 그게 더 좋은 세상을 만드는 건가? 내가 일하는 기구에 대한 립 서비스로 끝나는 거 아니야?'

'지난 이틀 동안 다뤘던 이야기를 반복하는 게 무슨 의미지? 오히려 국제무역과 동반되는 이슈가 지금 젊은 세대가 풀어야 할 미래의 문제가 아닌가? 무역이 세상에 좋은 영향을 주려면 이런 것들에 대한 논의가 우선되어야 하는 거 아니야?'

'나보다 뛰어난 국제법 전문가는 무수히 많은데 하필 왜 날 초대해서 이렇게 힘들게 하지? 괜히 한다고 했나 봐.'

'잠깐만, 내 입장에서 색다른 시각을 제시할 수 있어서가 아닐까? 젊은 세대 입장에서 미래의 포부에 대해 말하는 것이라면, 이미 수없이 다뤄진 법 조항을 분석하고 분쟁 방식을 설명하는 데에서 벗어나 큰 그림을 제시해도 되지 않을까?'

'뭔 소리야. 망신당하면 어떡하지?'

정신이 나간 사람처럼 혼자 중얼거렸다. 의기양양했다가 바닥을 쳤다가 극과 극을 오가며 어지러운 마음을 가라앉히려 했지만 눈덩이처럼 불어나는 걱정은 멈출 줄 몰랐다.

이대로 있으면 안 될 것 같았다. 결국 나는 계획대로 콘퍼런스 참석을 하고 밤에 다시 연설문을 수정하기로 결정했다. 그리고 그 전까지 연설문을 절대로 보지 않겠다고 다짐했다. 휴식을 취한 다음 문제를 다시 보면 새로운 방향이 보이기도 하는 법이니까.

콘퍼런스 둘째 날, 세션 참석을 하고 중간중간 뉴욕에서 온 급한 업무를 처리하다 보니 어느새 하루가 저물고 있었다. 나를 초대한 유엔 국장을 비롯해 친분이 쌓인 그룹과 저녁 약속이 잡혔다. 연설에 대한 불안감은 있었지만 이렇게 좋은 네트워킹의 기회를 저버릴 수는 없었다. 제대로 된 식사를 하고 들어와서인지 전날보다 훨씬 정신이 맑아진 느낌이었다.

"국제무역법이 어떻게 더 좋은 세상을 만드는가…."

계속해서 주제를 큰 소리로 읊었다. 많은 양의 자료를 공부했기 때문에 머릿속이 마치 물건이 너무 많이 쌓여서 아무것도 찾지 못하는 방 같았다. 기본으로 돌아가 주제에 집중하면 애초에 어떤 이야기를 하고 싶었는지 기억할 수 있을 것 같았다.

난 어렸을 때부터 연설을 잘하는 사람들을 동경했다. 가수로서 무대에 끌린 것도 비슷한 맥락에서다. 노래를 통해서든 말을 통해서든 나의 이야기로 사람들의 마음을 움직이고 행동의 변화를 이끌어내는 능력은 내게 너무 매력적으로 다가왔다. 로스쿨에서 커뮤니케이션 공부를 할 때 소통을 잘하는 사람들에게는 공통점이 있다는 것을 발견했다. 적합한 언어로 문제제기를 하고, 청중에게 이미지를 떠올리게 하고, 변화에 참여하고 싶은 마음과 동기를 심어주는 것이다. 디테일을 적재적소에 배치하되, 메시지에 있어서는 디테일보다는 전체적인 스토리가 우선되어야 큰 공감을 얻는 소통이 가능하다는 것을 관찰할 수 있었다.

연설을 잘하기로 유명한 많은 사람들에게 나타나는 공통점은 '잡초 사이에서 길을 잃지 않는다Not get lost in the weeds'였다. 전달 방식에 있어서 훌륭한 커뮤니케이터가 되기 위한 정해진 공식이 없다는 점이 흥미로웠다. 연습을 통해 정확한 언어를 쓰는 법을 연마하고 자신의 스타일을 파악하고 자기다운 방식으로 스토리텔링을 하면 된다.

이 연설문 준비를 시작하던 처음의 마음이 떠올랐다. 나무 하나하나보다는 숲 전체를 보는 시각, 개별 법 조항의 내용보다는 통합적인 테마 위주의 스토리텔링이 적합하겠다고 생각했던 그 신념이 되살아났다. 콘퍼런스 참석을 통해 알게 된 몇 가지 구체적인 예를 연설문에 추가한 다음, 전체적인 틀은 그대로 밀고 나가자고 결정했다. 그렇게 결정하고 나니 갑자기 잠이 쏟아졌다. 안심인지 체념인지 헷갈렸지만 몸의 신호를 따르기로 하고 바로 침대에 누워서 기절하듯 잠에 빠져들었다.

다음 날 아침, 나는 로비에 내려가서 따뜻한 페퍼민트 차 한 잔을 진하게 우려 마셨다. 이미 팔딱팔딱 뛰는 심장에 더 무리를 줄 필요가 없어서 커피는 생략했다. 민트에는 진정 효과가 있지 않나? 그 말이 사실이기를 절실하게 바라며….

사람들로 가득 찬 콘퍼런스 홀로 들어가서 자리를 잡고 순서를 기다렸다. 폐회사이자 릴레이 연설 차례가 왔고, 무대에는 의자 두 개와 마이크 두 대가 설치되었다. 싱가포르 변호사는 릴레이 연설의 시작으로 무역법의 역사를 자세하게 설명했다. 연륜과 경험이 느껴지는 그의 연설을 들으니 마음이 점점 차분해졌다. 과거의 업적에 대한 자세한 설명에 이어 내가 할 마무리 연설에서 분위기를 전환시켜도 괜찮겠다는 확신이 슬슬 발동되기 시작했다. 그의 연설이 끝나자 모두 박수를 쳤다. 다음은 내 차례였다.

콩닥콩닥 뛰는 심장이 내가 입은 드레스 밖으로도 드러날 것만 같았다. 애써 담담한 척하면서 단상으로 올라갔다. 신기하게도 무대에 발을 내딛자마자 긴장이 사르르 녹으면서 마음이 편안해졌다. 내가 무엇을 할 때 늘 겪는 과정이 있다.

흥분 - 준비 - 후회 - 걱정 - 그리고 "에라 모르겠다."

그 마지막 단계로 전환이 되는 순간이었다.

앉아 있는 것보다 서서 무대를 걸어 다니며 연설을 하는 게 편안할 거라 생각했다. 준비한 노트를 들고 무대 중앙으로 갔다. 문득 '뒤에 밴드만 있으면 노래할 수 있는 분위기네'라는 생각이 들면서 피식 웃음이 났다. '그래, 소은아. 공연을 하는 거야. 네 온 마음을 다해 퍼포먼스를 하자.' 단상에 서서 내려다보니, 행사장을 꽉 채운 청중은 내가 연설을 시작하기를 기다리며 귀를 기울이고 있었다. 친해진 법조인 몇 명이 내게 응원의 미소를 보내주었다. 나 역시 미소로 화답한 다음, 최대한 많은 사람과 눈을 맞추며 대화를 하는 마음으로 준비한 내용을 말하기 시작했다.

무대에서 공연을 하며 터득한 것 중 하나는, 청중과 퍼포먼스를 하는 사람은 동일한 에너지를 공유하고, 당사자인 내가 열중하고 진심을 다하면 그 기운이 전해진다는 것이다. 카리스마의 종류는 다양하고, 가장 강력하고 자연스러운 에너지는 개개인마다 다르다. 청중을 휘어잡는 유머로, 발표 자료의 정확성으로, 조곤조곤한 말투에 내포된 확신으로, 자신의 성격과 개성이 드러나는 독특한 무대 매너로… 각기 다른 방식으로 사람들의 집중을 끌어낼 수 있다.

나는 계획대로 미래 세대가 풀어야 할 문제를 제기함과 동시에 국제무역법이 어떤 역할을 할 수 있는지 콘퍼런스에서 언급된 구체적인 법 방안을 제시했다. 더불어 무역법이 강대국뿐만 아니라 개발도상국에서도 균형 발전을 가능하게 할 수 있는 방법과 세계인으로서 갖춰야 할 가치관, 인권과 환경에 대한 관심과 대책의 중요성에 대한 생각도 공유했다. 개인적으로 중요하다고 생각하는 내용이어서인지, 몸의 체온이 올라가면서 내 말에 열정과 확신이 담겨지는 것을 느낄 수 있었다. 연설 마무리로 유엔 국제무역법 위원회 50주년을 맞이하는 그해에 한국에서 이 콘퍼런스를 개최하게 된 의미에 대한 내 생각을 나눴다. 한국전쟁 중에 태어난 부모님을 가진 내가, 60년 만에 경제 강대국으로 발전한 우리나라에서 국제무역법 포럼 연사를 하는 것 자체가 국제무역과 교류가 갖는 힘의 증명이며, 젊은 세대로서 책임을 느끼고 희망을 가질 수 있는 이유라는 말과 함께, 50년 동안 이룩한 발전을 보며 100주년을 기념할 날이 더더욱 기다려진다는 내용으로 연설을 마무리했다.

박수를 받으며 무대에서 내려왔다. 자리로 돌아가서 앉으려 하는데 유엔 무역법 위원회 의장이 다가와 악수를 청하며 말했다.

"연설해줘서 감사합니다. 연설의 방향과 테마가 참신했고 무엇보다도… 마음에서 우러나오는 당신의 스피치가 오래 기억에 남을 것 같아요."

연설이 끝나고 많은 분들로부터 인상 깊었다는 소감을 받았고, 나는 수많은 새로운 인연들과 악수와 포옹을 나눴다.

다른 사람의 의견을 참고하고 감사히 받아들이는 것도 중요하지만, 자신의 직관을 믿고 가야 할 때가 있다. 기존의 틀이

나 예상에 맞추지 않고 자신의 신념을 믿고 따르는 행동에는 용기가 필요하다. '내가 이래도 되나'라는 자기 의심은 수시로 찾아온다. 나 역시 자기 의심으로 괴로워하면서 검증과 고민을 반복했지만, 그 과정 덕분에 연설의 완성도를 높일 수 있었다. 이 연설은 유엔 무역법 콘퍼런스에서 예상할 수 있는 내용은 아니었을 수도 있다. 하지만 내가 꼭 전하고 싶은 메시지가 있었고, 내 마음을 다해 진심을 전했고, 청중은 그에 공감했으리라 믿는다.

'사람들은 이야기의 내용을 잊는다 해도, 그 이야기로 인해 느낀 감정은 잊지 않는다'라는 말이 있다. 노래든 연설이든 우리 삶에서 마주하는 모든 사람과의 소통도 마찬가지다. 진심에서 나오는 고유의 이야기는 독특한 에너지가 있고, 그 기운은 상대의 마음을 움직이는 힘이 있다. 유엔 연설은 내가 가진 스토리의 가치, 내 진심의 가치를 스스로에게 증명할 수 있었던 것만으로도 성공이었다.

'The best'보다 'My best'

매해 가을, 파리 본부에서 일주일간 워킹 세션working session을 개최한다. 전 세계에 퍼져 있는 국제중재법원 위원회 멤버들이 모여 케이스에 대해 논의하고 기구 관계자들과 교류하는 대대적인 행사이다. 수많은 이해관계자들이 각기 다른 목적을 가지고 자신이 대표하는 부서에 유리한 쪽으로 (혹은 일을 덜할 수 있도록) 실랑이를 벌이는 과정을 지켜보다 보면 큰 조직 안에서 일어나는 미묘한 기 싸움을 경험할 수도 있다. 이런 행사는 기구 전체 분위기를 파악하고, 이메일과 전화로만 소통하던 동료들과 얼굴을 맞대고 대화할 수 있다는 장점이 있었다. 누가 핵심 인물인지, 어떤 방식의 커뮤니케이션이 효과적인지 가늠할 수 있어서 공부가 되는 것은 분명했다.

일정은 조식부터 저녁까지 빼곡하게 차 있었다. 스케줄 표에는 조식과 오전 세션, 워킹 런치와 미팅, 오후 세션, 그리고 칵테일 리셉션으로 계획되어 있었다. 그리고 스케줄 표에는 명시되어 있지 않지만 기구 스태프, 국제중재법원 상임위원, 변호사들이 한곳에 모이는 만큼 일주일 동안 활발히 관계 맺음을 하는 네트워킹이 무엇보다도 중요했다. 국제중재가 다른 법 분야보다 네트워킹이 유독 중요한 이유는 중재 절차의 특성상 인간관계가 바로 비즈니스로 이어질 수 있기 때문이다.

기구에서의 경험이 쌓이면서 조금씩 편해지고 요령도 생겼지만 여전히 낯선 사람이 많은 행사에 들어가기 전에는 매번 마음의 준비가 필요했다. 나는 종종 영화 속 칵테일파티 장면을 상상했고, 관중을 매료시키는 매력적인 배역을 맡은 배우의 마음으로 역할에 몰입했다. 이렇게 하면 확실히 덜 어색했고 신기하게도 일이 수월해지기도 했다.

아침 행사가 진행될 회의실 복도에서부터 커피와 크루아상 향기가 가득했다. 큰 회의실에 들어서자마자 프랑스어, 영어, 스페인어, 이탈리아어, 포르투갈어 등 여러 언어가 어설프게 믹싱된 음악처럼 섞여 들려왔다. 음료 코너로 이동해 차 한 잔을 따르면서 재빨리 장소를 스캔했다. 낯선 군중 사이로 아는 얼굴 한 명 발견! 딱 한 명만 알면 그 주변 사람과 인사를 하고 대화를 이어가는 방식이 가장 자연스럽다. 바로 그에게 다가가 세상 가장 반가운 듯 인사를 했다. "오, 니콜! 파리에서 보니 더 더욱 반갑군요!" 큰 포옹으로 나를 맞이한 그는 함께 이야기하던 그룹에게 나를 소개했다. 기구의 '뉴욕 지부 디렉터'라는 이름표를 붙이고 있으면 꽤 호의적인 대화가 오고 간다. 소속에 따라 개인에게 붙는 타이틀이 이렇게 많은 힘을 발휘해도 되는 것인지 종종 의문이 들기도 했지만 도움이 되는 것만은 사실이다. 많은 법조인들은 기구에 속해 있는 내게 기구 규칙이나 사건에 대한 정보를 요청하곤 했다. 도움을 주고받으며 성사되는 만남은 관계를 지속할 핑곗거리가 있어서 인맥 넓히기에 가장 좋은 방법이었다.

어느새 회의 시작 시간이 되었다. 입사 초기에는 토론에 언급되는 모든 케이스를 공부하고 회의 내용을 열심히 정리했다. 하지만 회의에 참석하는 횟수가 늘어나면서 이런 국제회의가 풍기는 전체적인 분위기를 관찰하고 그에 대한 생각을 저널에 기록하면서 시간을 보내는 경우가 더 많아졌다.

뒤쪽에 앉아서 전체적인 그림을 감상하면 진풍경이 펼쳐진다. 사건에 대한 의견을 개진하는 다양한 스타일도 볼 수 있는데, 확실히 미국이나 영국 출신 변호사들이 강하게 의견을 피력하는 경우가 많다. 토론 문화가 발달해서 그런 것일까? 유럽인들은 영국이나 미국 문화권 변호사들보다는 부드럽게 접근한다. 반면 아시아 출신 법조인들은 의견을 개진하는 일이 비교적 드물었다. 일반화할 수는 없지만 몇 년간 회의를 참석할 때마다 전반적으로 나타나는 현상이었다. 주입식 교육을 받은 세대이기 때문일까, 조금 더 젊은 세대가 회의에 참석하게 되면 변화가 있지 않을까, 문화적 세대적 다양성이 이래서 중요하구나, 나는 어떤 문화와 세대의 특징을 갖게 되었을까… 여러 생각에 잠기게 된다. 성별에 따라 다른 스타일을 발견하게 되기도 하는데, 부드럽지만 단호하게 의견을 전달하는 멋진 여성 전문가들을 자주 볼 수 있는 것이 행운처럼 느껴지면서, 나 또한 어떤 여성 전문가로 성장하고 있는지 멈춰서 생각해보게 된다.

회의를 듣는 스타일도 각양각색이다. 모든 토론을 열심히 경청하고 메모하며 참여하는 사람도 있다. 반면, 휴대폰 삼매경에 빠져 있던 사람이 연설이 끝난 후 발표자에게 가장 먼저 다가가서 너무 잘 들었다고 폭풍 칭찬하는 모습도 재미있다. 내가 봤을 땐 전혀 귀담아 듣지 않고 휴대폰만 만지작거리고 있었는데도 말이다. 노트북을 펼쳐놓고 다른 일을 하는 사람도 볼 수 있고, 그날의 뉴스를 읽고 있는 사람도 보인다. 어떤 직업이든, 아무리 많은 인종이 모여 있어도 사람은 별반 다를 게 없다.

파리 출장의 대미를 장식하는 업무는 본부 리더십과의 디렉터 회의였다. 지역마다 다른 양상을 나타내는 법치 문화, 분쟁 정책과 판례에 대한 정보를 교환하고 기구의 전략을 세우기 위해서 각 지역을 책임지는 디렉터의 발표가 계획되어 있었다. 새로운 리더십이 들어선 후 첫 공식 회의였고 나 역시 북아메리카의 책임자로서 첫 데뷔전인 셈이었다. 퍼블릭 스피킹을 꽤 즐기는 편인데도 총재와 사무총장, 모든 지역 디렉터와 본부 관련 부서장들이 참석하는 회의여서 적잖이 긴장이 되었다.

이 회의 발표를 위해서 파리에 오기 몇 달 전부터 준비를 했는데, 발표와 함께 제출해야 하는 보고서 때문에 준비 초반부터 난관에 부딪혔다. 뉴욕 지부 관할인 북아메리카 국가는 캐나다와 미국인데, 미국은 주마다 국제분쟁법이 다르고 캐나다는 행정기구마다 조금씩 차별화된 국제분쟁법이 있다. 나는 미국법을 공부한 뉴욕 변호사로서 캐나다의 법체계를 구체적으로 접할 기회가 없었다. 더군다나 여러 지역의 판례를 쉽게 접근할 수 있는 권한이 없어서 자료를 검토하는 데 어려움을 겪었다. 구글 검색에도 한계가 있었고, 각 주의 법원 웹사이트에서도 한정된 자료만 공개되어 있었다.

생각 끝에 콘퍼런스나 회의에서 스치듯 인사를 나누고 형식적으로 명함을 교환했던 여러 지역 변호사들에게 연락해서 자료를 부탁하기도 했고, 전혀 모르는 사람에게 콜드콜cold call 하기도 했다. 다행히 대부분 선뜻 도움 요청에 응해주었고, 우여곡절 끝에 필요한 자료를 모을 수 있었다. 여러모로 부족한 자료를 가지고 일을 하는 게 완벽주의 성향이 있는 나로서는 꽤 답답한 경험이었지만 나름대로 흡족한 결과물을 얻었다.

가끔은 'the best'가 아니라 'my best'를 기준으로 일을 해야 할 때도 있다. 내가 처한 상황에서의 최선을 추구하는 게 최고를 추구하는 것보다 효과적이기 때문이다. 그렇게 심혈을 기울여 완성한 보고서를 마감 날까지 제출하고 본격적으로 발표 준비에 착수했다.

워킹 세션 마지막 날인 금요일에 디렉터 회의가 계획되어 있었다. 나흘 동안 이어진 세션, 미팅, 리셉션, 점심과 저녁 식사, 그리고 그밖의 수많은 비공식 모임으로 지쳐 있었지만 가장 중요한 업무 준비를 게을리할 수 없었다.

회의 시작 시간 10분 전에 예약된 회의실에 가보니, 미팅룸 한편에는 에스프레소 기계와 잔이 말끔히 진열되어 있었고 본사 마케팅 디렉터와 남미 담당 디렉터가 향긋한 에스프레소 샷을 한 잔씩 뽑고 있었다. 분주히 움직이는 스태프들과 인사를 나누고 발표 자료를 훑어보고 있는데 참석자들이 하나둘 회의실에 자리를 잡기 시작했다. 예상대로 미팅 시작 시간 20분이 지나도록 사람들은 계속 담소를 나누며 도착하지 않는 사람들을 기다리고 있었다. 파리에서는 미팅이 정시에 시작하는 것을 본 적이 별로 없다. 처음엔 나 혼자 시간을 엄수하는 것 같아서 짜증이 났지만 어떤 면에서 더 편하기도 했다. 회의시간에 늦을까 봐 노심초사하는 일은 전혀 없으니 말이다.

30분이 지나서야 본격적인 미팅의 시작되었다. 타원형으로 된 대형 테이블에 스무 명가량의 인원이 빙 둘러 앉았다. 각 디렉터에게 주어진 시간은 25분이었고, 그 뒤 10분 동안 질의응답 시간을 가진 후 전체 전략 회의를 하기로 되어 있었다. 내 발표 순서는 세 번째로 당첨되었다.

로스쿨 3학년 때 '변호와 대중 설득Advocacy and Public Persuasion'이라는 수업을 들은 적이 있다. 법학 대학과 커뮤니케이션 대학이 공동으로 개설한 이 수업은 정계나 미디어로 진출하는 법조인이 꽤 많은 만큼, 다양한 독자와 청중을 위해 글을 쓰고 설득력 있게 말하는 능력 계발을 목적으로 한다. 방송과 공연 경력이 있는 내게 특히 도움이 되었고 스릴 넘치는 시간이었다. 일리노이주 상원의원의 연설문 작성자이자 미디어 컨설턴트로 긴 경력을 가진 교수는 학생들에게 여러 분야의 연설문 작성,

미디어 브리핑과 토론, 그리고 역대 대통령을 비롯한 언변술이 뛰어난 인물들을 분석하는 과제를 냈다. 스피치를 잘하는 사람들의 공통점은 뛰어난 작문과 말하기 기술 위에 개인 고유의 스타일을 가미한다는 것을 알 수 있었다.

그때 배운 내용과 무대에 섰던 경험에서 나름 터득한 노하우를 생각하며 발표 준비를 했다. 모든 말하기의 궁극적인 목적은 정보 전달과 설득이다. 30페이지에 달하는 내용을 25분 내로 발표하기 위해서는 철저한 로드맵을 따라야 했고, 판례와 법 조항은 내용 자체가 건조하기 때문에 커뮤니케이션을 효과적으로 해야 집중력을 끌어낼 수 있을 거라 생각했다. 내용 못지않게 시선 처리, 자세, 목소리, 보디랭귀지, 말하는 속도 등 프레젠테이션의 기술에 신경을 써야 발표가 활기를 띨 것이 분명했다.

회의가 시작된 지 한 시간 반 만에 내 차례가 왔다. 마치 공연을 앞둔 것처럼 아드레날린이 샘솟는 것이 온몸에서 느껴졌다. 내가 준비한 자료가 화면에 세팅되는 동안 회의실을 둘러봤다. 두 시간 가까이 앉아서 듣기만 한 참석자들의 집중도가 떨어졌음을 감지할 수 있었다. '이 분위기를 어떻게 살리지?' 앞선 두 디렉터는 별다른 소개 없이 바로 자신이 맡은 지역에 대한 분석으로 발표를 시작했다. 간략하지만 임팩트 있는 소개 멘트로 오프닝을 할 계획을 머릿속으로 세웠다. 미지근한 맹물을 마시다가 시원한 청량음료를 맛보는 듯한 이미지를 상상하면서 목소리에 특별히 신경을 써서 발표를 시작했다.

"우선, 파리에서 많은 동료 여러분들과 함께할 수 있어서 참으로 기쁩니다. 특히 뉴욕 지부 입장에서 동료들을 직접 만나고 알게 되어 더욱 반갑습니다. 이번 주에 참석한 회의와 대화는 기구를 이해하는 데 많은 도움이 되었어요. 각 지부의 디렉터들과 함께 우리 공동의 목적을 위해 논의하고 다양한 아이디어를 공유하면 더 많은 소통의 길이 개방될 거라 생각합니다. 이 발표를 통해 저도 우리의 목적 달성을 위한 아이디어를 공유하고, 여러분들의 조언과 생각을 기대하겠습니다."

나의 오프닝 멘트가 회의 분위기를 환기시킬 뿐만 아니라, 신참 뉴욕 디렉터로서 나의 리더십을 공개적으로 인정받는 기회이자 다른 부서 동료들과의 소통과 협업을 이끌어내는 계기가 되기를 바랐다. 특히 발표를 하면서 자유롭게 아이디어를 공유하는 대화가 오갈 수 있는 분위기를 만들고 싶었다. 참석자들의 표정을 보니 나름 오프닝이 제 역할을 한 듯했다.

미리 짜놓은 로드맵에 따라 본론으로 들어갔다. 미주 분쟁의 특징, 판례, 문제점 그리고 해결 방안 등 굵직한 포인트를 아웃라인으로 하여, 여러 전문가 의견과 기업 미팅 때 가장 많이 등장했던 요점을 공유했다. 건조한 내용이 이어지면 목소리 톤에 신경을 써서 변화를 주었고, 앞서 발표된 다른 대륙의 사례를 적절히 섞어서 다른 지역 디렉터들에게 의견을 개진할 기회를 제시했다. 회의실에서는 서서히 질문과 의견이 공유되기 시작했고 모놀로그monologue가 아니라 다이얼로그dialogue로의 전환이 이루어졌다. 사무총장의 마지막 질문에 답을 하면서 내게 주어진 시간은 끝이 났다. 발표를 마치고 자리로 이동하는데 동료 디렉터들이 박수를 치기 시작했고 이윽고 회의실에 앉아 있던 모든 사람들은 미소를 지으며 박수에 가담했다.

디렉터 회의가 끝난 후 사무총장과의 개인 면담에서 미주 지역의 발표가 매우 인상적이었고 무엇보다 기구 입장에서 알아야 할 여러 요소와 새로운 아이디어를 제시했다는 평가를 받았다. 나의 능력을 확증받았다는 자부심, 그리고 몇 달 동안의 수고를 인정받은 안도감이 밀려왔다. 동료들로부터의 동의와 공감도 좋았지만, 무엇보다 내가 스스로 얻은 자신감이 어떤 평가보다 값진 선물이었다.

금요일 오후 회의를 끝으로 일주일간의 국제회의 일정은

마무리가 되었다. 큰 도전이었던 파리 출장의 마지막을 성공적인 발표로 장식하고 가벼운 마음으로 호텔에 들어왔다. 갑자기 어깨가 축 처지면서 그간의 긴장과 피로가 한꺼번에 밀려왔다. 친구와의 저녁 약속을 위해 나가기 전에 그대로 침대에 쓰러져서 늘어지게 한숨 잤다. 오랜만에 맛본 꿀잠이었다.

수시로 출장길에 오른 몇 년 동안 지긋지긋해질 법도 한데 나는 변함없이 매번 긴장과 불안, 그리고 설렘을 느낀다. 이런 종류의 설렘은 나이가 들거나 일에 익숙해지면 없어지기 마련인데 이상하게 어렸을 때와 같은 강도로 여전히 나를 자극한다. 타인의 입장에서 내 모습을 관망하는 것 같은 기분이 들 때도 많다. 다양한 상황에 노출된 리얼리티 쇼의 주인공이 여러 우여곡절을 통해 성장하는 것을 보는 듯 말이다.

몇 년 전 한 인터뷰에서 작사가 김이나 씨가 자신을 지탱해주는 힘은 '빠심'이라고 말한 것을 보았다. 수많은 곡이 저작권 협회에 등록돼 있고, 음반 업계에서 일한 지 꽤 오래되었음에도 뮤지션들에 대한 동경과 애정 어린 마음을 유지하는 것이 그녀가 일을 하는 원동력이었던 것이다. 참 멋진 태도라고 생각했다. 다양한 업계에서 두각을 나타내며 존경하는 선배들을 볼 때 눈에 띄는 것은 오랜 시간이 지났음에도 일의 본질을 즐거워하고 늘 새로워한다는 것이다. 물론 무수히 많은 고통스러운 시간을 인내했을 때 도달할 수 있는 즐거움이지만 반복되는 일을 새로운 시선으로 바라볼 수 있는 것은 분명히 큰 장점이다. 하늘 아래에 새로운 것은 없다지만 새로운 시각은 늘 존재한다.

일을 하면서 불안한 감정을 느끼는 것은 앞으로도 계속될 것이다. 그 불안함을 재해석하면 곧 설렘이 된다. 내가 느끼는 이 설렘 역시 삶에 대한 '빠심'이 아닐까 싶다. 앞으로 펼쳐질 인생의 모든 경험을 그 '빠심'으로, 늘 새로워하면서 맞이할 수 있는 마음으로 살고자 한다. 내 불안함을 통해 얻은 것은 그 희망이었다.

4 행복하게

나는 나의 넉넉한 주인

숨을 쉬자, 휴우…. 나는 심호흡을 했다. 바쁜 직장인들은 점심시간이 끝나기 전에 샤워를 하고 사무실로 들어가기 위해 쏜살같이 피트니스 룸을 빠져나갔는데, 나만 타월이 깔린 바닥에 누워서 눈을 감고 정상적인 호흡을 겨우 회복하고 있었다. 음악은 꺼졌는데 여전히 박자가 들리는 듯했다. 정신을 차려보니 음악이 아니라 내 귀에서 요동치는 심장박동 소리였다.

고등학교 도덕 시간, 주관식 시험을 준비하며 여러 철학자의 가르침을 대표하는 명언을 달달 외운 기억이 있다.

문제: '남에게 너그럽고 자신에게는 엄격하라'는 뜻을 가진 한자성어와 그 말을 한 철학자를 쓰시오.

정답: 관인엄기, 공자

공자의 이 사자성어는 자신의 잘못과 나약함은 과소평가하고 남에게는 유독 비판적인 것을 경계하라는 의미였다. 무척 인상 깊었기 때문에 지금도 형광펜으로 표시한 페이지가 떠오른다. 하지만 타인에게 너그러워야 한다는 것은 이해가 갔지만 자신에게 왜 엄격해야 하는지 의문이었다. 남에게 하듯 자신에게도 너그러우면 안 되는 것인가.

'나는 지금 왜 이 시간에 여기 누워서 고등학교 때 배운 사자성어를 생각하고 있는가?'

나는 어릴 때부터 운동을 좋아했다. 미국 초등학교에서는 하루에 두 번 교실 밖에서 뛰어노는 시간이 있었다. 대부분의 아이들은 농구, 배구, 축구, 야구 등 각자 원하는 스포츠를 하며 시간을 보냈다. 여름 방학 때마다 스포츠 캠프를 다닌 덕분에 나 역시 웬만한 운동에는 자신이 있었고 종종 팀 주장까지 맡으며 신나게 운동했다. 한국에 돌아와 남녀공학 중학교에 입학했는데 가끔씩 주어지는 체육 수업 '자유시간'에 남학생들은 축구를, 여학생들은 고무줄을 하게 했다. 성별로 분리시켜놓은 한국의 중학교 수업 방식을 도무지 이해할 수 없었다. 한번은 남학생들이 축구를 할 때 나도 게임에 합류했다. 내 실력이 충분히 남자아이들 평균은 되었을 텐데 아무도 내 쪽으로 공을 보내지 않았다. 그 뒤로 자유시간이 주어질 때마다 혼자 운동장을 뛰었다. 육상 선수들이 훈련하는 것처럼 땀을 흘리고 몸을 풀어줘야 추운 겨울에도 체육복만 입고 야외에 있는 게 그나마 견딜 만했다. 아마 우리 반 아이들은 그때의 나를 이상하고 유별난 아이로 기억하고 있을 것이다.

대학교 때는 하프 마라톤을 뛰기도 하고 한동안 바르Barre(요가와 발레를 혼합한 운동)에 빠져 지도자 자격증을 딸까 생각할 정도로 운동광이었던 나는 로스쿨과 로펌 생활을 합친 7년 동안 거의 운동을 하지 않았다. 로스쿨에서는 공부를 하지 않는 모든 시간이 나를 뒤처지게 할 거라는 강박 때문에, 로펌에서는 케이스 업무에 쫓긴다는 핑계로 아예 운동을 내려놓고 살았다. 로펌에서 제공하는 피트니스 보조금으로 집 바로 옆 피트니스 센터에 1년을 등록했지만 한 달에 한 번 겨우 갈까 말까 했다. 연간 최소 50회 이상을 방문해야 상환해주는 로펌의 정책 때문에 결국 내 돈만 날리게 되었고, 그다음 해에는 회원권을 반납했다.

로펌을 떠나 국제기구로 이직을 하면서 조금은 예측 가능한 스케줄을 갖게 되었고 다시 운동을 해야겠다고 결심했다. 우선 유명한 피트니스 클럽의 회원권을 자비로 1년치를 끊었다. 때론 저지르고 나면 돈이 아까워서라도 나가게 되기 때문이다. 그리고 무조건 하루 일정에 운동 시간을 넣었다. 회원에게 제공되는 사이클링, 에어로빅댄스, 발레, 요가, 권투, 코어 트레이닝 등 여러 수업을 즐기기 시작했고, 다시 운동에 취미가 붙었다. 오죽하면 아침에 눈 뜨자마자 제일 처음 하는 일이 피트니스 클럽 앱에 들어가서 그날의 운동 수업을 정하는 일이 되었을까! 수시로 도지던 허리 통증이 사라지고 정신도 맑아지고 몸에 잔근육이 붙으면서 자신감도 상승하는 등 삽시간에 변화가 나타났다.

내가 다닌 피트니스 클럽은 회원이라면 맨해튼 어느 지점에서나 운동할 수 있었는데 마침 사무실 바로 앞에 꽤 큰 지점이 있었다. 그랜드 센트럴 터미널 바로 옆 건물로, 수많은 로펌과 기업이 모여 있는 (우리나라로 치면 광화문이나 강남의 테헤란로와 같은) 42번 가에 위치한 지점에서 점심시간을 이용해 운동하기로 했다.

운동을 다시 시작한 지 2주 정도 되었을 때, 여러 종류의 수업을 돌아가며 시도하는 데 재미가 들린 나에게 생전 들어본 적 없는 '타바타tabata'라는 수업이 눈에 띄었다. 인기가 많아서 늘 예약 오픈 몇 분 만에 마감되는 것을 봤던 터라 한번 시도해 볼 생각이었다. 고강도 인터벌 트레이닝이라고 설명이 되어 있었는데 심박수를 약 30초 동안 최대로 올렸다가 내리는 것을 반복하는 트레이닝 방식이란다. '30초? 그까짓 것, 너무 쉽겠는데?' 시간도 내 스케줄과 딱 맞는 낮 12시여서 운동하고 사무실로 다시 들어가기에 안성맞춤이었다.

클럽에 도착해 옷을 갈아입고 수업이 열리는 그룹 피트니스 룸으로 향했다. 룸은 이미 만원이었다. 열심히 사는 사람들이 참 많구나…. 괜스레 그중 한 명이 된 것 같은 뿌듯한 마음에 더 열심히 스트레칭을 하며 주위를 둘러보았다. 수업에 웨이트 트레이닝이 포함되어 있었는데, 대부분 10킬로그램이 넘는 무거운 아령 세트를 챙기고 있었다. 평소에 난 1, 2킬로그램 아령으로 운동을 했고 그 이상의 무게는 들어본 적이 없었다. '내 페이스에 맞추면 돼'라는 생각을 하면서 평소대로 2킬로그램짜리 아령 세트를 내 자리에 갖다두었다. 새 학기 수업을 듣는 모범생처럼, 트레이너 동작을 잘 따라 하기 위해 맨 앞에 자리를 잡았다.

12시가 되자 보디빌더의 몸을 가진 트레이너가 룸으로 들어왔다. 굵직한 베이스 소리의 비트를 내뿜는 음악을 틀어놓고 그는 손뼉을 치기 시작했다. "레츠 고!" 손가락에도 근육이 있는 걸까. 손뼉 소리가 쩌렁쩌렁 방 안 가득 울려 퍼졌다. 본격적으로 수업을 시작하기 전에 트레이너는 처음 온 사람이 있는지 손을 들어보라 했다. 내 손이 유일하게 올라갔다. 나만 초짜로 수업을 듣는 건가… 조금 불안한 마음이 찾아왔다. 갑자기 맨 앞에 앉은 것이 부담되기 시작했다. '괜히 앞에 앉았나. 뒤로 갈까?' 후회하고 있는 찰나, 트레이너는 나를 보고 "아니 아니 아니, 더 무거운 걸로 해야 해요. 적어도 5킬로그램"이라며 내 옆에 놓인 작은 아령을 먼지 털듯 치워버리고 5킬로그램짜리 아령 두 개를 내 앞에 갖다놓는 것이 아닌가. 분위기가 심상치 않았다. 불안해진 나는 고개를 흔들며 "이건 저한테 너무 무거워요"라고 말했다. '왜 남의 운동에 간섭하고 난리야.' 그는 "이 운동을 위해서는 더 무거운 아령을 써야 해요. 할 수 있어요!"라고 단칼에 잘라 대답했다.

비트를 뿜는 스피커, 갑자기 무거워진 아령, 그리고 하필 맨 앞자리에 서 있는 나와 트레이너의 대화를 지켜보면서 수업이 시작하기를 기다리고 있는 다른 참가자들…. 뭐라고 반박하기 창피하고 시간을 지연시키기 싫어서 그냥 40분만 잘 견뎌보자 마음을 먹었다.

수업이 시작되자마자 곧바로 후회가 밀려왔다. 30초를 얕본 내 잘못이었다. 아령을 들어 올리고 스쿼트, 내리고 스쿼트, 푸시업과 점핑 잭, 어마어마한 동작이 쉴 새 없이 반복되는, 내 삶에서 가장 긴 30초였다. 트레이너는 내가 낑낑대는 것을 보고 자세를 몇 차례 바로잡아주고, 토마토처럼 빨개진 얼굴에 죽을 것 같은 표정이 불쌍했는지 종종 내 쪽으로 와서 엄지척을 하며 응원해주었다. 그의 엄지를 때려주고 싶었다. '차라리 모른 척해주지….' 아니래도 힘에 부치는데 부담스럽기까지 했다.

이를 악물고 동작을 따라 하긴 했지만 20분이 지나면서 슬슬 현기증이 나기 시작했다. 이쯤에서 그냥 튈까? 하고 생각하는 순간, 나보다 키가 최소 15센티미터나 작아 보이는 여성이 나보다 더 큰 아령을 들고 사슴이 뛰어가듯 가볍게 동작을 따라 하는 것을 봤다. '에잇, 자존심이 있지!' 뛰쳐나가고 싶은 마음을 애써 누르고 죽을힘을 다해 동작을 따라 했다. 극기 훈련의 40분을 버티고 있는데 어느새 음악이 바뀌고 쿨다운 시간이 되었다. 룸은 온통 땀 냄새로 가득했고 공기는 사우나에 온 것처럼 축축하고 무거웠다. 불이 나게 몸을 움직이다가 멈추니 호스 입구를 손으로 막았다가 뗀 것처럼 터지듯 땀이 흘러내리기 시작했다. 쿨다운이라는 말이 무색하게 오히려 체온이 계속 올라가는 것 같았다.

매트에 누워 후덜덜 떨리는 다리를 스트레칭했다. 누워 있어도 룸이 핑핑 도는 것 같았다. 어지러움을 진정시키면서 생각했다. 조금 하다가 힘들면 나가도 그만이었을 텐데, 왜 바보같이 무리하며 버텼지? 다른 참가자들 보기에 창피해서? 쓸데없는 자존심? 조금만 버티면 할 수 있을 것 같은 자만? 운동할 때마저도 나의 약함, 혹은 치부를 보이는 게 싫어서? 남들은 다 하는데 내가 포기할 수 없지, 이 정도는 참아낼 수 있어야지, 하는 나에 대한 엄격함이었을까? 별것 아닌 것 같은 40분의 운동 수업은 갑자기 음지에 있던 내 삶의 방식을 조명하는 듯했다.

10년 전, 로스쿨을 다닐 때 엄마가 시카고를 방문해 내가 살던 원룸에 붙여놓은 메모가 있다.

"네 마음의 소요를 지켜보며, 너를 참아내고 위로해주어라. 네 속에 있는 너를 다독이고, 용기를 주고, 네가 준비될 때까지 기다리는 넉넉한 주인이 되어라."

내가 특별히 남보다 더 열심히 공부해서가 아니었다. 건강을 우선시하고 정신이 피폐해지지 않게 스스로를 위하는 것이 공부 못지않게 중요하다는 이야기였다. 더 잘해내고 싶은 욕심과 못했을 때의 자책이 건강을 해치는 지경까지 갔기 때문에 자신에게 너그러워지기를 바라는 엄마의 마음을 온 집 안에 붙여놓고 가셨다.

다리가 덜덜 떨리고 호흡이 버거워지는 내 몸의 신호를 듣고 중간에 나갔어도 됐는데, 난 그날도 역시 끝까지 버텼다. 그리고 후유증으로 몇날 며칠 극심한 근육통으로 고생을 했다.

관인엄기寬人嚴己. 수신 덕목으로 스스로를 다스리고 수양하며 타인에게는 너그럽고 인내하는 마음을 가지라는 뜻일 것이다. 자신에게 엄격한 기준을 갖는 것은 분명히 장점이 있다. 시간을 허투루 쓰지 않게 되고, 안주하지 않고 열심히 살게 되는 데에는 큰 도움이 된다. 하지만 자신에게 너그러운 마음을 갖는 것도 그 못지않게 중요하다. 지난 이십 대와 삼십 대, 나를 몰아붙이며 악바리처럼 살았던 그 시절의 내게 요즘 들어 미안한 마음이 든다. 조금 더 다독여주고 기다려줬어도, 나에게 조금 더 너그러웠어도 충분히 잘했을 텐데. 자신에게도 넉넉함을 허락해주는 적정선을 지켜야 한다는 것을 이제서야 안다. 그 선이 어디인지, 알맞고 바른 정도를 어떻게 지킬 수 있는지, 자신에게 엄격할 때와 너그러워야 할 때를 구분할 줄 아는 혜안이 필요하다.

최근에 언니가 이런 말을 한 적이 있다.

"소은아, 언니는 요즘 정말 끝내주는 B Plus야. 그리고 그것도 괜찮아."

음대에서 학생들을 가르치랴, 연주 활동하랴, 연습하랴, 두 아이 육아하랴, 눈코 뜰 새 없이 바쁜 언니가 터득한 현재의 삶의 방식은 신선했다. 자신의 기준을 낮춰야 한다는 것도, 조금 덜 열심히 살아도 괜찮다는 얘기도 아니었다. 자신의 최선이 가끔은 A가 될 때도, B가 될 때도 있지만, 그 노력을 스스로 인정하고 자신에게 너그러울 줄 아는 태도 역시 중요하다는 것이다. 최상의 결과가 늘 보장되지 않아도 나의 최선으로 스스로 떳떳할 수 있으면 그만이다. 오늘 하루 엄격하게 열심히 내 일에 몰두하고, 알 수 없는 내일을 너그럽게 기다려주는 내가 되어야겠다.

컨트리뷰터

새로 시작한 일 중에 여러 분야 사람들을 인터뷰하는 프로젝트가 있다. 준비 과정에서 인터뷰 대상자들의 이력을 조사하는데, 저명한 일간지 베스트셀러, 유명 매거진 톱10, 〈포브스〉 지 선정 40 under 40(40세 미만의 랭킹 40), 영향력 있는 인물 100인 등 다양한 명단에 이름을 올리고 있었다. 점점 나이가 들고 경력이 쌓이면서 사회에서 두각을 나타내는 지인들이 이런 종류의 랭킹 리스트에 선정되곤 한다. 진심으로 축하를 전하면서도 가끔은 '나도 한번 들어가봤으면'이라는 생각이 들 때도 있다. 외부에서 인정받는 것은 언제나 기분 좋은 일이니까.

우리 사회 속 수많은 명단과 순위를 생각하다가 음반 활동을 하던 2000년대 초반이 떠올랐다. 당시 〈음악캠프〉, 〈쇼! 뮤직탱크〉, 〈인기가요〉 등 순위 프로그램이 있었다. 데뷔 이후 생전 하지 않던 예능과 버라이어티 프로그램에 출연하면서 밥 먹을 시간도 잠잘 시간도 없이 스케줄을 소화하던 때였다. 텔레비전에 얼굴이 많이 나오면 음반 판매량이 증가하고 인지도 역시 높아진다. 인기 상승은 분명히 기뻐해야 할 일인데 실상은 그렇지 않았다. 예민한 성격도 한몫했겠지만 나와 맞지 않는 성향의 방송 프로그램을 앞두고는 몸이 소극적으로나마 저항을 했다. 스트레스 때문에 온몸에 벌겋게 난 두드러기를 메이크업으로 가리면서 안쓰러워하던 메이크업 아티스트의 표정과 딱딱하게 굳은 어깨를 지압으로 풀어주던 매니저 오빠의 자상함이 생각난다.

인지도에 비례하는 가요 프로그램 순위는 계속 올라갔고 음악 방송에서 3위를 찍었다. 나를 축하해주는 사람들의 환호와 박수를 뒤로 하고 차에 탔을 때 주체할 수 없는 울음이 터져 나왔다. 안일하고 태평한 소리 같을 수도 있지만, 그때 느꼈던 공허함과 우울함, 그리고 나를 잃은 듯한 상실감은 지금도 생생하다. 그때가 슬럼프의 시작이었다. 그 경험 때문일까. 가수 활동을 하면서 순위에 집착하거나 1위를 원했던 적은 진심으로 단 한 번도 없다. 음악적으로 인정받고 싶고 콘서트가 잘되고 음반이 잘 나가기를 누구보다 원했지만, 그토록 욕심이 많던 내가 순위에 있어서만큼은 무심했던 것이 신기할 따름이다.

로스쿨에서도 순위를 바라지도 않았다. 쿨한 성격이나 외부 평가에 담담한 내공 덕분이라기보다는 공부에 대한 나의 능력을 체념해서였다. 그전까지는 나름대로 공부를 잘하는 축에 속하다가 비상한 학우들 사이에서 갑자기 중간에도 머무르기 힘든 나의 지적 능력에 대한 의심은 계속되었고 자존심이 상하는 수많은 경험을 했다. 결과적으로 내려놓음을 배운 값진 시간이었지만 진지한 성찰로 인한 것이라기보다는 억지로 그럴 수밖에 없었던 상황 때문이었다.

졸업 후 뉴욕에서 로펌 근무를 시작하고 여러 법률 저널에서 '베스트 변호사' 명단을 매해 발표한다는 것을 알게 되었다. 내가 2년 차 되던 해에 비즈니스 소송 분야에서 '라이징 스타'에 선정되었다는 소식을 접했다. 로펌 매니징 파트너는 나 같은 초년 변호사가 라이징 스타로 선정되는 것은 흔치 않은 일이라며 축하를 해줬다. 로펌 웹사이트에 이력이 업데이트되고 동료들의 축하를 받으면서 아주 싫지는 않았지만 묘한 불편함이 섞인 기분이 들었다. 그 마음속에는 뜨는 별이 되기도 전에 지는 별이 될 것만 같은 불안함이 있었다. 일을 하면 할수록 모르는 것투성이였고 머지않아 능력의 한계가 들통날 것만 같았다. 더군다나 변호사로서의 생활이 그리 즐겁지 않다고 느낄 때라 더 복잡한 심정이었다.

뉴욕에서의 삶에 익숙해지면서 여러 네트워크를 통해 알게 된 많은 사람들이 30세 미만의 랭킹 30, 40세 미만의 랭킹 40, 눈여겨볼 여성 파트너, 마이더스 리스트The Midas List 등 업계별로 많은 랭킹 명단에 이름을 올리고 있다. 국제기구로 이직을 해서 보니 국제중재라는 좁은 사회에서도 관련 기관마다 무수히 많은 리스트를 내놓았다. 중재 분야 40 under 40, 45세 미만 라이징 스타, 소수인종 변호사 40인 등등. 모든 나이별로 커트라인을 정하고 여러 카테고리를 분류하면 무한정 리스트를 만들 수 있을 거라고, 47 under 47 리스트를 만들자는 식의 농담을 동료들과 나누기도 했다. 경쟁이 치열한 업계에서 자신을 차별화하기에는 더할 나위 없이 좋은 기회이지만 오직 능력만으로 선정되는 것도 아니라는 사실을 뒤늦게 알아챘다. 어찌되었든 외부에서 봤을 때 명단에 오르는 것은 자신이 속한 분야에서 소위 말해 '잘나간다'는 의미를 내포하고 있기 때문에 충분히 매력적인 성과로 다가왔다.

전 세계적으로 랭킹에 관심이 집중되고, 특히 젊은 나이에 어떤 명단에 올라가면 큰 주목을 받는다. 밀레니얼 세대 혹은 Z세대가 이룬 성공 스토리에 열광하고, 대학을 중퇴한 이십대 창업가들의 이력에 대한 기사가 쏟아져 나온다. 타이틀 앞에 '최초', '최연소'를 붙이는 것이 훈장이 되었다. 더 빨리, 더 높이 가기 위해 고군분투하는 요즘, 쉼 없이 작동하는 이 러닝머신 벨트 위에서 어떻게 해야 지치지 않고 계속 뛸 수 있을까 싶기도 하고, 때론 그 속도에 맞춰야 할 것 같은 마음이 들면서 초조해지기도 한다. 반대로 내 삶의 페이스에 맞춰 주체적으로 살아가자는 다짐을 되뇔 때도 있고, 가끔은 잠시 멈추고 쉬어가야겠다는 결심을 하기도 한다. 더 빨리 무언가를 이루어서 외부에서 인정받는 '성공'을 하고 싶은 열망은 동기부여도 되지만 스스로를 타인과 비교하며 자책하는 요인이 되기도 한다. 종종 접하는 각종 순위와 명단을 볼 때면 흔들리기도 하지만, 결국에는 나에게 맞는 성공의 정의를 새로 쓰기 위해 노력하며 살고 있다.

어느 시대나 대단한 능력자들은 차고 넘쳤다. 대학생 때 《프랑켄슈타인》을 읽고 메리 셸리가 그 당시 나보다 몇 년이나 어린 열일곱의 나이에 이 작품을 완성했다는 것을 알고 충격을 받았다. 쇼팽은 이십 대에 무수히 많은 작품을 완성했고, 베토벤 역시 스물아홉 살에 첫 교향곡을 작곡했다. 셰익스피어는 서른 즈음에 《로미오와 줄리엣》을 썼고, 우리에게 친숙하고 내가 팬심으로 가장 좋아했던 가수 이적 오빠도 이십 대 초반이었던 대학생 때 그룹 '패닉'의 주옥같은 음악을 만들었다. 역사에서 30 under 30 리스트가 있었다면 수많은 천재들이 이름을 올렸을 것이다.

인터뷰 프로젝트에 합류할 작가 이력을 연재처에 전달하면서 내 이름 옆에 실릴 컨트리뷰터contributor라는 단어에 눈길이 갔다. 컨트리뷰터의 의미는 참여하는 사람, 기여하는 사람이다. '결과보다 과정이 중요하다', '도착점보다는 여정 자체가 선물이다' 등 우리 곁에서 흔히 볼 수 있는 삶에 대한 명언은 참여하는 가치를 높이 평가한다. 단순히 자신을 위로하는 말이 아니다. 적극적인 참여는 외부로부터 받는 평가나 인정과는 상관없이 스스로 성장할 수 있는 100퍼센트 확실한 방법이기 때문이다.

아카데미 시상식을 보다가 앤 로스라는 89세 디자이너가 오스카상을 수상하는 장면을 만났다. 1964년부터 영화 의상 디자인에 발을 들인 그분은 50년이 넘는 시간 동안 60편의 영화와 연극 의상을 디자인했다. 캐릭터를 시각적으로 완성시키는 의상을 담당함으로써 영화 역사에 기여하는 삶을 살았다. 긴 세월 동안 한 편 한 편 작품에 참여하면서 얼마나 많은 노력과 고민을 했을지, 그리고 매 작품마다 그만큼 성장했을 거라는 상상만으로도 감동을 받는다. 시상식에 참석하지 않고 소감만 전한 그분은 자신의 작품으로 참석을 대신하겠다고 말했다. 작품 속 등장인물의 의상을 통해 수많은 다양한 캐릭터의 삶을 살았으니 그 어떤 상보다 참여했던 영화 작품들에 더 큰 의미가 있었을 것이다.

우리 각자는 이 세상에서 가장 독특하고 유일한 존재로서 공헌하며 살고 있다. 명단이나 랭킹에 들어가지 않은 수많은 참여자들이 있어서 랭킹에 의미가 주어지고, 외부의 주목과는 상관없이 자신이 속한 사회에서 의미 있는 역할을 해내는 사람들 덕분에 세상은 돌아간다.

유명한 능력자만 존재한다면 세상은 참으로 불행할 것이다. 그래서 생각했다. 가장 중요한 순위는 마음속에 있을 거라고. 매일 주어진 하루를 꽉 채우고자 하는 일의 순위, 좋은 부모, 자녀, 배우자, 동료가 되기 위한 행동의 순위…. 더 나은 세상을 만들기 위한 내 마음속 리스트에 집중하며 최선을 다해 사는 하루하루가 모여 우리 인생이 된다. 각자의 삶에서 진정한 컨트리뷰터가 될 수 있다면 우리가 써 내려가는 스토리 안에서 우리는 이미 라이징 스타다.

나의 '한 사람'들

김동률의 노래 〈내 사람〉 중 이런 가사가 있다.

"지친 하루에 숨이 턱 막혀올 때

한 사람은 내 옆에 있다는

말하지 않아도 모두 알고 있어서

그냥 씩 웃고 말아도 되는 참 편안한 사람."

그 '한 사람'은, 가족일 수도 있고 친구나 연인일 수도 있다. 삶의 고민으로 힘들어할 때 이끌어준 멘토나 선배일 수도 있고, 아주 가끔은 인생의 어느 시기에 짧게 인연을 맺었다 홀연히 사라진 사람일 수도 있다. 그 '한 사람'으로 인해 인생이 바뀔 때가 있다. 어떤 경우에는 시간이 한참 지난 후에야 그 사람의 영향이 현재의 나를 만드는 데 중요한 역할을 했다는 사실을 뒤늦게 깨닫기도 한다.

중학교 2학년 여름이었다. 종례 시간에 담임선생님께서 미국에서 내 앞으로 온 편지가 있다며 봉투를 전해주셨다. 초등학교 6학년 때 담임선생님이셨던 Ms. Bell이 보낸 편지였다. 두 달 전 학교에서 '스승의 날 가장 기억에 남는 선생님께 편지 쓰기' 시간이 있었다. 나는 망설임 없이 2년 전 담임선생님이었던 Ms. Bell을 떠올렸다. 나는 한국에 돌아왔다는 이야기와, 그때 선생님이 내게 해준 말씀을 기억하고 있다고, 늦게나마 감사를 전했다.

Ms. Bell이 보내준 답장에는 교사라는 직업은 고단하고 월급도 적고 힘이 빠지는 날들이 많다고, 하지만 내 편지를 받고 자신의 일에 대한 자부심을 느꼈다고, 내가 졸업할 때 선물로 준 보라색 노리개를 여전히 벽에 걸어두고 있다는 내용이 담겨 있었다.

Ms. Bell 선생님은 내가 미국 모건타운에서 다닌 초등학교에서 가장 무섭고 엄격하기로 유명했다. 1학년 때부터 선생님의 소문을 익히 들어왔던 터라 5학년 여름방학이 끝날 무렵, 제발 이 선생님만은 피할 수 있기를 간절히 바랐다. 하지만 학교 정문에 붙은 다음 학년 반 배정표를 보자마자 나의 소망은 물거품처럼 사라졌다.

'아, 이제 1년 동안 죽었다.'

절망과 걱정에 사로잡힌 나는 새 학기에 대한 불안함으로 며칠 동안 잠을 이룰 수 없었다. 하지만 막상 학기가 시작되고 선생님과 학교생활을 하다 보니 생각했던 것과는 180도 다른 경험을 하게 되었다. 학생들에게 요구하는 기준이 높고 엄격한 것은 분명했지만 선생님은 화통하고 유머러스했으며 무엇보다, 쿨했다. 6학년인 우리에게 직설화법으로 어른을 대하듯 말했고, 우리는 존중받는 느낌 속에서 스스로 책임감 있게 행동하게 되었다.

6학년 2학기 때, 학교에서 연례 행사인 영어 철자 맞추기 대회 '스펠링 비Spelling Bee'를 개최했다. 컴퓨터로 자동 스펠링 체크가 되는 요즘에는 조금 의아한 행사일 수도 있지만 그 당시 학교에서는 꽤나 큰 이벤트였다. 몇 주 동안 수업 시간에 그룹을 짜서 스펠링을 암기했고, 책을 읽으며 단어를 공부했다. 스펠링 비가 열리는 날, 먼저 6학년 전체 6학급에서 인원을 추리는 예선전이 치러졌다.

여러 차례의 예선 끝에 우리 반에서는 나와 그레그라는 남자아이가 반 대표로 본선에 진출하게 되었다. 본선에 오른 열두 명의 학생이 경쟁하는 것을 전 학년 학생들이 지켜보았다. 어느덧 그중 여덟 명이 떨어지고 네 명이 남았다. 내가 유일한 여자아이였고 나머지는 남자아이들이었다. 내 순서가 돌아왔고

'rheumatic'이라는 단어가 당첨되었다. 머릿속에 그려지는 이미지에 따라 스펠링을 큰 소리로 말하다가 실수로 그만 e를 빼먹어버렸다. 스펠링을 말하는 중간에 알아챘지만, 스펠링 비의 규칙은 처음으로 돌아가 다시 시작하는 것을 허용하지 않았다. 그렇게 나는 탈락했다. 하지만 최선을 다했고 마지막 네 명 안에 들었기 때문에 크게 실망하지는 않았다. 결국 우리 반 그레그가 스펠링 비 우승자가 되었고, 시상식을 끝으로 하루가 마무리되었다.

스펠링 비 행사의 대미를 장식하는 달콤한 쿠키 케이크를 맛있게 먹으며 집에 갈 스쿨버스를 교실에서 기다리고 있었다. 학생들이 교실에서 거의 다 빠져나가고 나와 친구 한 명만이 남아 마지막 버스 안내 방송을 기다리고 있는데, 그때 담임선생님이 잠깐 복도에서 보자는 것이었다. 무슨 일이지? 영문을 알 수 없던 나는 복도로 나왔고 선생님과 마주했다. 선생님은 내 눈을 지그시 바라보며 말씀하셨다.

"소은, 너에게 해주고 싶은 이야기가 있어. 선생님이 초등학교 6학년이었을 때 오늘과 같은 스펠링 비에서 남자아이들과 경쟁할 일이 있었단다. 그런데 그중 한 명이 나한테 이런 말을 했어. '야, 남자들은 똑똑한 여자 안 좋아해.' 그 말을 듣고 괜히 자격지심이 생겨서 그날 아는 단어인데 일부러 틀려 탈락했지. 그 남자애가 그때 했던 이야기가 지금까지 잊히지 않아. 소은, 너는 네가 원하는 걸 다 할 수 있는 아이야. 혹시나 네가 그런 마음을 가질까 봐, 노파심에 얘기하는 거란다.

다른 애들이 하는 말에 콧방귀도 뀌지 말아라. 네가 무엇을 하든, 어떤 목표를 갖든 아무도 네게 영향을 주게 하지 말아라. 네가 무엇을 하든 그들하고는 상관없는 일이거든. 넌 무엇이든 다 할 수 있어!"

머리를 한 대 맞은 듯, 몇 초 동안 아무 말도 할 수 없었다. 무섭다고 느껴질 만큼 당당하고 강인해 보이는 선생님이 한때 그런 마음을 가졌다는 것이 놀라웠다. 그리고 특유의 직설화법으로 경험을 공유해준 선생님이 너무도 고마웠다. 나는 "걱정 마세요, 선생님. 누구도 저에게 영향을 끼치지 못하게 할게요" 라고 대답했다. 그 후 며칠 동안 선생님의 말씀이 머릿속에서 떠나지 않았다.

6학년 졸업을 하고 난 한국으로 돌아왔다. 시간이 흘러 어른이 되어서야 그날의 대화가 내게 얼마나 중요한 영향을 미쳤는지 깨닫게 되었다. 사춘기가 막 시작될 무렵, 인기가 곧 자신의 가치가 되고 공부를 잘하면 모범생이라고 놀림이나 당하기 일쑤인 학교에서, 게다가 소수인종인 동양 여자아이로서 정체성 혼란과 콤플렉스가 생길 수 있는 예민한 시기였다. 선생님의 말씀은 내 자존감에 너무 큰 영향을 주었고, 당당하게 내가 원하는 것을 향해 나아가도 된다는 생각을 내 무의식 속에 심어주었다.

그로부터 15년 후, 로스쿨에 입학 허가를 받고 미국에 갔다. 학기가 시작하기 몇 주 전, 어린 시절을 보낸 모건타운으로 자동차 여행을 떠났다. 새로운 도전을 앞두고 내 과거를 다시 보고 싶은 마음이었다. 예전에 뛰어놀던 놀이터와 타운하우스를 방문하고 혹시나 하는 마음으로 사전 계획 없이 초등학교를 찾아갔다. 교무실에 가서 Ms. Bell의 제자인데 혹시 그분이 여전히 학교에 계신지 물어보니, 바로 인터폰으로 선생님께 연락을 하는 것이 아닌가.

예전 텔레비전 프로그램 중 〈TV는 사랑을 싣고〉라는 방송처럼 그날 모건타운 학교에서는 감동적인 드라마가 재현되었다. 교무실 직원의 안내를 받고 찾아간 교실에서 Ms. Bell은 나를 보자마자 와락 눈물을 터뜨리며 한참 동안 나를 부둥켜안고 울었다. 나 역시 흐르는 눈물을 주체할 수 없었다. 교직원이 전해주는 내 이름을 듣자마자 보라색 노리개와 함께 내 모습이 떠올랐다고, 교직 생활 중 가장 기억에 남는 학생이었다고 말씀하셨다. 나는 선생님께 말했다. 그때 해주신 이야기를 기억하고 있다고, 그 어떤 누구도 내가 하고 싶은 일을 가로막지 못하게 하라는 그 말씀을 잊지 않았다고.

"선생님은 저에게 무엇이든 할 수 있다고 말씀하셨어요. 저는 지금도 선생님 말씀처럼 살고 있어요."

*

로펌 첫 출근 날은 뉴욕에 온 지 딱 일주일이 되는 날이었다. 겨우 작은 스튜디오를 구해서 침대 하나만 덩그러니 사놓고 짐은 다 풀지도 못한 상태였다. 졸업 후 처음 맞이하는 낯선 법조계와 로펌 분위기, 뉴욕이라는 도시에 적응하려 애쓰면서 불쑥불쑥 올라오는 혼란스러운 감정을 억누르고 출근을 했다.

정신없는 하루를 보내고, 첫날부터 케이스 세 개를 배정받았다. 판례 조사에 얼마만큼의 시간이 걸리는지 몰랐고, 무엇보다 첫인상을 잘 심어야 한다는 부담감에 퇴근을 못 하고 있었다. 어느새 해가 저물고 어둑해졌다. 신입 변호사 웰컴 런치를 함께한 조이스라는 선배 변호사가 내 사무실 문을 똑똑 노크했다. 조용조용한 말투와 친절한 눈빛의 그녀는 내게 "아직 집에 안 갔어요? 차근차근 익숙해지면 되니까 첫날부터 무리하지 말아요"라는 말과 함께 "혹시 꼭 더 늦게 있어야 할 것 같으면 저녁을 주문해도 되는 거 알고 있죠? 배고프면 일이 안 되고 서럽잖아"라고 말하며 아무도 내게 알려주지 않았던 음식 주문 사이트와 로펌 계정을 포스트잇에 적어주었고, 늦게까지 회사에 있으면 택시 지원도 해준다고 차를 부를 수 있는 번호까지 알려주었다. 지금은 너무도 흔한 일이지만, 그때 나는 미국에서 음식을 배달시켜 먹어본 적도 없었고, 더군다나 일을 할 때 쓸 수 있는 로펌 계정이 있다는 것도 몰랐다. 조이스는 꼼꼼히 모든 정보를 다 적어서 내 오피스 벽에 붙여놓고 말했다.

"알려주긴 하지만 써야 하는 일은 자주 없었으면 좋겠어요. 늦게까지 있지 말고 고단했을 텐데 빨리 집에 가서 쉬어요. 그리고 1년 차 때는 모든 게 낯설고 어렵게 느껴지는 건 너무 당연한 거니까 걱정 말아요. 앞으로 궁금한 일이 있거나 얘기할 사람이 필요하면 언제든지 내게 말해요!"

그녀는 활짝 웃으며 손을 흔들고 나갔다. 시계를 보니 저녁 9시가 다 되어가고 있었다. 조이스가 주고 간 정보로 한식집에서 오랜만에 뜨끈한 육개장을 배달시켜 배불리 먹고, 판례 조사를 더 한 다음 택시를 불러 타고 편하게 집으로 왔다.

첫날부터 친절했던 조이스는 그 후 첫 재판을 갈 때도, 법원의 서면 제출 마감 날에도, 끝없는 미팅과 업무로 극도의 스트레스를 받은 날에도 따뜻한 손길을 내밀어주었다. 회사 옆

베이커리에서 쿠키를 사다 주기도 하고, 내가 힘겨워하는 표정을 숨기지 못하고 사무실을 왔다 갔다 하는 날에는 응원의 메시지를 사무실에 놓고 가기도 했다. 같은 팀 선배나 클라이언트로 인해, 혹은 개인적인 문제로 힘겨울 때마다 그녀의 사무실 문은 늘 내게 활짝 열려 있었고, 나는 내 집인 양 자유롭게 오가며 때론 억울함을 토로하기도 하고 욕도 하고 종종 울기도 했다. 그럴 때마다 그녀는 조용히 듣다가 딱 필요한 몇 마디의 조언을 해주기도 하고, 가끔은 그냥 "Do you need a hug?"라는 말과 따뜻한 포옹으로 기운을 북돋워주었다.

감정 기복이 심하고 흥분을 잘 하는 나와는 반대로 늘 담담하고 이성적인 그녀는 차분한 성격과 더불어 뛰어난 논리, 섬세함, 공감 능력까지 갖추고 있어 업무적으로도 배울 점이 많은 선배이자 코드가 맞는 동료였다.

몇 년이 지나 둘 다 로펌을 떠나 다른 곳으로 이직했지만 우리의 우정은 오히려 더 깊어졌다. 음악에 관심이 많고 뮤지션 남편을 둔 조이스는 나와 언니가 함께하는 문화예술 비영리 단체 보드 멤버로 참여하게 되었고, 가족 간에도 자주 왕래하는 이웃사촌이 되었다. 조이스가 오랜 기간 투병하시던 부모님을 여의는 슬픔을 겪었을 때도, 두 아이의 부모가 되는 기쁨을 맞이할 때도 나는 그녀 곁에 있었다. 내가 불임으로 오랜 시간 힘들어했을 때도, 팬데믹의 정점에서 뉴욕의 거리가 죽음의 도시처럼 변했던 그때 아이를 낳고 심각한 산후우울증을 겪고 있을 때도 그녀의 마음은 나와 함께였다. 우리 집으로 도착한 아기용품과 책, 아름다운 꽃다발과 진심 어린 편지에는 그녀의 이름이 적혀 있었다. 성인이 되어 프로페셔널 동료로 만난 사이가 진정한 우정으로 발전하기 어렵다는 말이 무색하게 내 삶에 큰 선물로 다가온 그녀는 'Sister from another mother(다른 엄마에게서 난 자매)'라는 말처럼 내게는 소중한 그 '한 사람'이다.

*

2주 동안 이어지는 서부 출장 중, 호텔에서 혼자 밀린 일을 하면서 처음으로 독한 칵테일을 룸으로 주문했다. 같은 팀 상사와 갈등이 잦았고 정치적인 플레이로 골치 아픈 여러 일이 출장 중에 폭발했다. 진정되지 않는 마음을 가라앉히려 애쓰며 칵테일을 원샷하고 업무를 하고 있는데, 낯선 메일 한 통이 도착했다. 기구 웹사이트에 공개된 내 메일 주소로 나와 똑같은 이름을 가진 소녀에게서 온 메일이었다.

그녀는 자신과 같은 이름을 가진 가수인 내 음악을 어렸을 때부터 좋아했고, 현재 외국에서 공부하고 있다고 했다. 슬럼프가 찾아올 때마다 내 기사나 방송을 찾아보며 '또 다른 이소은은 이렇게 열심히 잘 살고 있으니 나도 힘내야지'라고 마음을 다잡는다며, 자신이 나를 보며 꿈을 꾸듯 나중에 또 다른 이소은이 자신을 보며 꿈을 꾸기를 바란다고, 머지않은 미래에 꼭 꿈을 이뤄서 나를 만나러 오겠다는 당찬 마음을 전달했다. 그녀의 진심은 내 가슴에 꽂혔다. 몇 주 후, 나는 그녀에게 답장을 보냈다.

소은 양,

출장 중에 메일을 받아서 이렇게 늦어버렸네요. 따뜻한 메일 고맙게 잘 받았어요. 새로운 터전에서 무언가를 시작하는 일은 절대 쉽지 않지만, 시간, 노력, 그리고 용기만 있다면 이루지 못할 일이 없겠죠. 힘듦이 익숙해지고 삶에서 맞부딪히는 도전이 설렘이 되는 날도 올 거라 생각해요.

나와 같은 이름의 소녀가 나에게서 용기를 얻었다는 건 무척 고맙고 감동스러운 일이에요. 나이를 먹고 경험이 쌓여도 혼란스러울 때가 여전히 있고, 앞날에 대한 의문을 품고 살아가는 건 변하지 않는 것 같아요. 그 과정들이 쉽다면 지루하겠죠. 그래서 오히려 기대가 되기도 하고 한번 살아볼 만한 게 아닐까요?

나를 꿈의 대상으로 생각하지 말고, 나보다 훨씬 더 멋있게 당당하게 소은 양이 원하는 삶을 개척하길 바라요. 꼭 그럴 거라 믿어요. 진심으로 응원과 격려를 보냅니다.

뉴욕에서, 소은 언니가.

그녀에게도, 그리고 나 스스로에게도 전하고 싶은 마음이었다. 그녀는 알았을까. 늦은 시간 샌프란시스코 어느 호텔방에서, 계속되는 갈등과 누적된 피로로 한때 구호처럼 달고 다녔던 당당함과 자신감이 점점 마모되어 한없이 위축되어 있던 내게 그녀의 메일이 얼마나 큰 힘이 되었는지, 좌절하지 않고 계속 나아갈 동기부여가 되었는지 말이다. 아직도 그날을 생각하면 조금은 울컥하는 나를 발견한다. 힘이 되는 '한 사람'은 의외의 곳에서 나타난 어느 누구도 될 수 있다.

언젠가 언니가 내게 전해준 이야기가 있다.

"People come into your life for a reason, season, or a lifetime."

어떤 이유로, 특정 시기에 혹은 평생을 함께하기 위해 사람들이 우리 삶에 등장한다는 것이다. 아름다운 기억과 고마움이 많지만 아쉽게도 연락이 끊긴 사람들, 몇십 년 동안 끈을 놓지 않고 계속 내 곁에 자리하는 사람들, 내 인생의 또 다른 그

한 사람이 될지도 모르는 새로운 인연들, 그리고 시절인연으로 자연스레 멀어진 사람들…. 여전히 내 옆을 지키는 사람에게도 고맙고, 멀어진 사람에게도 아쉬움보단 그 시절에라도 함께할 수 있었음에 감사하다.

랠프 월도 에머슨이 쓴 것으로 알려졌으나 작자 미상인 한 편의 시가 있다. 〈성공이란 무엇인가What is Success〉라는 제목의 이 시에는 '당신 덕분에 단 하나의 생명이 조금 더 수월하게 숨을 쉴 수 있다면 당신의 삶은 성공한 것이다'라는 구절이 있다. 격려가 필요했던 동양 여자아이, 낯선 사회에 어리둥절해하는 신참 동료, 그리고 이미지와는 다르게 여전히 혼란스러워하며 한없이 불완전한 어떤 언니. 이렇게 다양한 모습의 나에게 따뜻한 손길을 내밀어준 '한 사람'들이 있었기에 나는 여기까지 올 수 있었다. 이들은 내가 숨을 쉴 수 있도록 해주었고, 가장 간절할 때 우정을 베풀어주었고, 내 삶에서 꼭 이루고 싶은 또 한 가지 소망을 심어준 존재들이다. 다른 누군가에게 한때에, 혹은 평생토록 따뜻한 영향을 주는 그 한 사람이 되고 싶은 소망을, 그 성공을 꼭 이루고 싶다.

잊지 못할 눈빛들

후루룩. 면이 입속으로 들어오면서 염분이 몸속에 퍼졌다. 짜고 맵고 자극적인 면발이 배 속에서 불어날수록 마음이 안정되었다. 국물 한 모금을 마시면서 윙윙거리며 꺼졌다 켜졌다 하는 전등불을 바라보았다.

2017년 2월, 나는 남편과 함께 결혼 후 미뤄둔 신혼여행으로 생애 처음으로 아프리카 대륙을 밟았다. 의료진인 남편은 대학병원에서 세계 보건 관련 일을 꾸준히 하면서 몇 년째 탄자니아를 방문해 의대생들을 가르치고 수술을 진행해왔다. 몇 달 전 신혼여행 계획을 세우다 "아무래도 올해는 의료 봉사 못 가겠지? 신혼여행 가기로 휴가 낸 시기와 겹치니까?"라고 물어왔을 때 나는 어떤 영웅심이었는지 이렇게 대답했다. "같이 가!"

인생에서 가장 중요한 변화인 결혼을 기념하기에 최고의 여행이 될 거라 생각했다. 내가 동행하겠다는 의사를 밝히자, 남편은 의료 봉사를 진행하는 팀에게 봉사자 한 명을 더 섭외했다고 알렸다. 우리는 일주일 동안의 의료 봉사를 진행하고, 멀리까지 간 김에 사파리까지 즐기고 오는 신혼여행 계획을 세웠다.

출국 몇 달 전부터 각종 백신 접종과 비자 발급 절차를 밟았다. 그런데 출발 며칠 전부터 남편은 계속 불안한 눈치였다. 왜 그렇게 걱정을 하냐고 물었더니 돌아온 대답은 "음, 사실 거기 음식 옵션이 많지 않아. 넌 먹는 것에 좀 예민하니까…, 우리가 뭘 좀 준비해 가야 할 것 같아." 나는 저혈당과 저혈압에 삼시 세끼를 꼬박 챙겨 먹지 않으면 어지러움증으로 고생하는 체질일 뿐만 아니라 배가 고프면 아이처럼 감정 기복이 심해진다. 몇 차례 아프리카 봉사를 다녀온 남편은 나에게 생길 일이 불 보듯 뻔해 불안했던 것이다. '나를 대체 뭘로 보고!' 괜찮다고 당당하게 말했지만 혹시나 하는 마음에 한인마트에서 비상식량으로 컵라면과 햇반 네 개를 구입했다. 볶음 고추장 튜브와 믹스커피 한 박스도 샀다. 최대한 가볍게 짐을 싸려고 했기 때문에 지나치다는 생각이 들었지만 하도 걱정을 해 챙겨 갈

참이었다.

그렇게 만반의 준비를 하고 드디어 출국일이 되었다. 공항에 도착한 나는 워터파크에 온 아이처럼 들떠서 좀처럼 진정이 되지 않았다. 인터넷 환경이 좋지 않아 메일 확인도 힘들 거라고 회사 사람들에게 미리 못을 박아놓았기 때문에 더더욱 홀가분했다. 2주 동안 누릴 자유와 모험에 대한 기대로 한껏 부풀었다. 탑승 여덟 시간 후 암스테르담 공항에 도착했다. 탄자니아로 가는 연결 비행편까지 세 시간의 여유가 있었다. 기내식을 먹은 지 얼마 되지 않아 배가 고프지 않았지만 남편의 제안대로 공항에 있는 일본 라멘집을 찾아갔다. 그는 계속 강조했다.

"일주일 동안 제대로 식사할 수 있는 마지막 기회야. 배가 안 고파도 먹어둬."

탄자니아에 도착하기도 전에 살찌겠다는 얘기를 하며 비행기에 올랐다. 아프리카 대륙 위를 지나가는 비행경로를 보면서 들뜬 마음을 충분히 만끽하기 위해 이어폰을 꽂고 〈라이온 킹〉 OST를 크게 틀어놓았다. 심바와 함께 세렝게티를 뛰어다니는 상상을 하면서…. 몇 시간이 지났을까? 여러 대륙의 시차가 뒤죽박죽되어 비몽사몽 잠에서 깨어보니, 비행기는 킬리만자로 국제공항에 착륙하고 있었다. 비행기에서 나오자마자 탄자니아의 밤공기를 들이마셨다. 기온은 높았지만 건조해서 아주 덥지는 않았다. 흙길을 따라 걸어 공항 터미널에 도착했고 그곳에서 우리와 함께 일주일을 보내게 될 의료진과 봉사자들을 만나 인사를 나누었다. 미국 전역에서 모인 30명가량 되는 팀은 여러 의료 장비를 가지고 왔고, 심지어 조립을 도와줄 의료 장비 회사 직원도 덩달아 출장 겸 봉사를 하러 왔다.

공항 근처 숙소에서 하룻밤을 묵고 일주일 동안 수많은 환자를 맞이할 진료소가 세워져 있는 탄자니아의 수도 도도마로 가는 긴 여행길에 올랐다. 장장 여덟 시간 비포장도로를 덜컹거리며 가로질러 가는 동안 나는 버스 창문 밖으로 탄자니아의 여러 마을을 관찰했다. 훼손되지 않은 자연 그대로의 공간에 세워진 오두막, 몇 개의 집과 작은 가게들이 모인 마을, 나뭇가지를 들고 땅에 그림을 그리며 노는 아이들, 개발 중인 공사장, 그리고 사막 같은 벌판…. 드디어 도도마에 도착했다. 오래된 빌딩과 식당, 가게들이 눈에 들어온 이곳은 제법 수도다운 모습이었다. 우리가 도착한 곳은 시내에 세워진 진료소였다. 여러 곳의 후원을 받아 세워진 3층 진료소 건물은 탄탄해 보이는 구조였고, 환자 대기실과 의자 등 가구가 비치되어 있었다. 하지만 겉으로 보이는 것과 다르게 화장실은 물이 나오지 않았고, 불은 켜졌다 꺼졌다 하며 깜빡였다. 먼지는 수북했고 벌레들이

기어 다니는 것을 심심찮게 볼 수 있었다.

의료진과 봉사자들은 가장 먼저 미국에서 싣고 온 수술 장비 조립에 착수했다. 기구와 수술대를 조립하고 먼지를 털고 바닥을 쓸고 수술실로 지정된 방 전체를 소독했다. 모두 발 벗고 몸을 쓰면서 새로 만난 사람들과 이야기를 나누며 서로 알아가는 좋은 시간이었다. 그렇게 몇 시간의 세팅을 마무리한 후 가장 효율적으로 환자를 돌볼 수 있는 시스템에 대한 회의를 했다.

우리가 머무는 숙소는 시내 한중간에 있는 2층 건물이었다. 어두컴컴한 1층 로비에는 몇 개의 스텐 그릇 안에 카레와 면, 밥 종류가 진열되어 있었다. 음식을 보자마자 갑자기 허기가 밀려왔다. 테이블에 자리를 잡고 국수를 허겁지겁 먹었다. 음식을 기대하지 말라던 충고를 많이 들어서였는지 우려했던 것보다 맛이 괜찮았다. 나의 불평을 최소화하기 위해 최악의 상황을 상상하게 만든 남편의 전략이라는 농담을 주고받으며 식사 후 준비되어 있는 커피를 맛보았다. 커피 마니아인 나는 내심 탄자니아 커피에 대한 기대가 있었는데 그곳에서 제공된 것은, 새까만 가루를 물에 녹인, 커피 맛이 나는 물에 가까웠다. 알고 보니 고품질의 탄자니아 커피는 수출용이었고, 주민들은 그런 커피를 구하기 어렵다고 했다. 불평할 시간 없이 체력을 비축하려면 쉴 수 있을 때 쉬어야 했다. 아침 콜 시간은 새벽 5시 30분. 편한 일정을 기대한 것은 아니지만 그렇게 이른 시간에 하루가 시작될 거라고는 예상하지 못했다. 일주일간의 강행군은 이렇게 시작되었다.

다음 날 아침, 시차 덕분인지 새벽부터 눈이 저절로 떠졌다. 일어나서 세수를 하려고 하니 물이 끊겼다는 소식이 전해졌다. 전날 오리엔테이션에서 양치를 할 때 절대로 수돗물을 쓰지 말라며 각 방에 넣어준 물병이 있었다. 남편과 나는 그 물을 서로 얼굴에 뿌려가면서 알콩달콩한 신혼여행의 아침을 맞이했다. 아침을 대충 먹는 둥 마는 둥 하고 혹시나 해서 사 온 믹스커피를 꺼내 미지근한 물을 부었다. 커피 맛에 까다로운 나는 평소에 인스턴트커피는 입에 대지도 않았는데 그곳에서 마시는 믹스커피는 세상에서 가장 달콤하고 진한 향처럼 느껴졌다. 우리와 같은 테이블에 앉은 다른 의료진에게 한 포씩 기증하자 모두 믹스커피의 위력에 감탄하면서 버스에 올랐다.

해가 뜨려는 짧은 순간의 세상은 어디에서나 특별하다. 몇 분 머무르다 사라져버리는 여명의 오묘한 색감으로 물든 탄자니아의 낯선 도로와 그 주변 경관을 바라보았다. 병원으로 가는 20분 동안 새로운 경험에 대한 기대, 피로감, 흥분, 걱정, 그리고 무엇보다도 이런 기회를 가질 수 있는 내 삶에 대한 감사함으로 벅찬 마음이었다.

어느새 버스는 병원에 도착했다. 차에서 내리자마자 놀라운 광경이 눈앞에 펼쳐졌다. 전날 인적이 없던 병원 앞 광장은 인산인해를 이루고 있었고, 병원 옆에서 종이를 깔고 자는 사람들도 있었다. 우리 팀은 안과 전문 팀으로 눈이 아프고 시력을 잃어가는 사람들 위주로 진료를 준비했다. 일주일 전에 먼저 도착한 선발 봉사팀이 마을들을 방문해 1차 진료를 진행했고, 가장 치료가 절실한 환자들을 선별한 덕분에 환자들이 탄자니아 곳곳에서 모여든 것이었다.

앞이 전혀 보이지 않아서 가족들의 부축을 받고 온 환자들도 있었고 눈에 부상을 입은 사람들도 많았다. 며칠 동안 걸어서 온 분들, 밤새워 밖에서 줄을 서서 기다린 분들…. 탄자니아 현지 의료진의 설명에 의하면, 간단한 처치로 치료할 수 있는 질환조차도 부족한 의료 시스템 때문에 방치하다가 심각한 상황에 이르게 된다고 했다. 이번 의료 봉사의 목적은 의료 서비스를 제공할 뿐만 아니라 탄자니아 현지 의료진에게 수술 기술을 가르치고 자체적인 의료 시스템을 구축할 수 있도록 돕는 데 있다는 이야기를 나누며 일주일 동안 내가 할 일들에 대한 각오를 다졌다.

팀원들은 각기 맡은 역할을 하기 위해 흩어졌다. 의료진은 수술실로, 장비 기술자들은 수술을 준비하는 곳으로, 그리고 봉사자들은 역할에 맞게 간단한 트레이닝을 받고 배정된 위치에 섰다. 첫날 나는 모든 스테이션을 돌아다니는 '깍두기' 역할을 맡았다. 한마디로 '도움이 필요한 곳이면 어디든 어떤 일이든 다 한다'였다. 오전에는 환자들을 대기실로 안내하고, 탄자니아 언어인 스와힐리어 통역관과 함께 그들의 정보를 기록하고, 필요한 치료에 따라 분류하는 일을 했다. 오후에는 각 환자의 동공 크기를 재고 알맞은 렌즈를 찾는 일을 도왔다. 수술실에서 일하다 아래층의 의료진이 급하게 소리를 지르면 메신저 역할을 하기 위해 병원 1층부터 3층까지 수십 번씩 오르내렸다.

그렇게 오랜 시간 서서 일해본 적이 있었던가. 오후가 되니 시차로 잠이 쏟아졌고 허리가 쑤시고 다리가 퉁퉁 부어오르기 시작했다. 게다가 새벽 5시경 대충 먹은 아침 식사로 얼마 지나지 않아 배가 고파 미칠 지경이 되었다. 남편은 내 상태가 신경 쓰였는지 수술 후 환자 교대를 할 때마다 찾아와 미국에서 챙겨온 초콜릿 바를 내 입에 쑤셔 넣었다. 수술을 진행하며 정신없는 와중에 간식을 입에 넣어주고 홀연히 사라지는 신랑의 모습을 보고 스태프들은 이런 로맨스가 없다며 애정 어린 야유로 신혼부부를 격려해주었다. 힘든 와중에도 웃을 일은 참 많았다.

코로나 시대를 겪으며 전 세계에서 의료진의 수고에 대한 뉴스가 보도되기도 했지만 나는 그때 탄자니아에서 그분들의 헌신적인 태도에 깊은 감동을 받았다. 새벽부터 이어지는 수술로 쉴 시간도, 식사 시간도 없었다. 한 명의 환자라도 더 치료하기 위해 고군분투하는 모습, 특히 새벽부터 저녁까지 서서 화장실도 못 가고 끼니까지 거르며 오랜 시간 한시도 눈을 떼지 않고 환자 치료에 집중하는 의사와 간호사들의 자세와 체력에 감탄했다. 그와 반대로 나는 오전 10시도 안 돼 이미 녹초가 되어버렸다. 운동을 하는 체력과 일을 하는 체력은 전혀 다른 차원의 문제였다. 점심시간이 되자마자 팀에서 제공해준 도시락을 열었다. 튀김만두 같은 음식이 호일에 포장되어 있었고, 아주 작은 바나나 하나가 곁들여 있었다. 새벽부터 일해서인지 모든 게 다 꿀맛이었다. 3분 만에 먹어치우고 바로 나를 기다리는 스테이션으로 가서 다시 업무에 집중했다.

오후 5시 30분, 그날의 일정이 마무리되었다. 우리는 버스를 타고 숙소로 돌아왔다. 저녁 식사를 위해 로비로 내려갔더니 무사히 첫날을 보낸 팀을 위해 특별히 준비된 별미, 콜라가 있었다. 생전 마시지 않던 탄산음료를 마치 몇백만 원짜리 와인을 마시듯 음미하며 들이켰다. 그렇게 달콤한 신혼여행의 둘째 날이 저물고 있었다.

◦ 수술실에 울려 퍼진 음악

탄자니아에 와서 알게 된 새로운 사실 중 하나는, 수술을 진행할 때의 분위기가 생각보다 캐주얼하다는 것이다. 긴장을 풀기 위함인지, 아니면 각 의료진마다 징크스 극복을 위한 루틴이 있는 것인지, 조용한 분위기 속에서 초집중하며 진행될 거라 여긴 수술실 분위기는 나의 예상과는 전혀 달랐다. 대부분의 의사들은 자신이 만들어온 음악 플레이 리스트를 틀어놓고 수술 과정에 돌입했다. 음악의 비트를 느끼고 가끔 가사를 따라 부르기도 하면서 세밀하고 정교한 수술을 하는 반전의 모습이었다.

뉴욕에서는 절대 허용되지 않았을 남편의 수술 과정을 지켜볼 수 있었고, 그 과정에 조금이라도 도움이 될 수 있다는 것이 큰 행운처럼 느껴졌다. 사흘째 되는 날, 나는 수술 환자들을 준비시키는 팀에 합류했다. 환자가 마취 스테이션에 오면 그들을 수술대로 올려주고, 눈에 여러 종류의 안약을 넣어주고 기다렸다가 마취할 때 환자가 머리를 움직이지 않도록 고정시키는 중대한 임무였다. 마취 주사를 놓는 과정에서 조금이라도 움직이면 자칫 약이 뇌로 갈 수 있어 매우 위험했다. 처음에는 눈 주변에 주삿바늘이 들어가는 것을 바라보는 것만으로도 힘들었다. 하지만 몇 시간 정도 지나자 언제 그랬냐는 듯, 피가 흐르면 거즈로 스윽 닦아내는 대범함까지 생겼다.

하루 종일 계속되는 마취 작업 조수 일에 익숙해질 즈음이었다. 갑자기 어디서 익숙한 음악이 들려왔다. 귀를 쫑긋 세워 들어보니, 옆 칸 남편의 수술대 스피커에서 나의 2집 타이틀곡이 흘러나오고 있었다. 남편의 수술 음악 플레이 리스트 대부분은 나의 음악으로 채워져 있었던 것이다. 남편이 오래전부터 수술할 때 내 음악을 틀어놓으면 마음이 안정되고 긴장이 풀린다는 얘기를 자주 했었지만 이렇게 직접 경험한 적은 없었다.

탄자니아의 어느 마을 진료소에서 아무도 이해하지 못하는 한국어 노래를 듣는 의료팀과 환자들, 그리고 그 사람들 속에 있는 나. 내 귓가에 닿는 나의 음악. 이해할 수 없는 감정이 북받쳐 올라서 갑자기 울컥했다. 나이를 먹고 시간이 지나도 세상 어디에서나 늘 그대로 보존될 나의 음악이 있어서 참 행복하다는 생각을 했다. 그리고 내 음악이 누군가의 마음에 안정과 위로를 줄 수 있다는 사실이 벅차게 고마웠다.

◦ 요상하게 생긴 동양 꼬마

봉사자로서 나의 가장 큰 임무 중 하나는 전날 수술을 받은 환자들의 눈 붕대를 벗겨 상처 부위를 소독하고 의료진이 살필 수 있도록 준비시키는 일이었다. 나는 정말 피를 무서워한다. 상처에서 나오는 진물도 무섭고, 알코올을 비롯한 여러 약품 냄새가 가득한 곳에서 이 작업을 하는 것은 내게 쉬운 일이 아니었다. 말라리아 위험 때문에 모기장으로 칭칭 두른 베드와 수술실, 매일 아침 쓸고 닦아도 바닥에 기어 다니는 벌레, 배변 처리 시설이 제대로 작동하지 않는 화장실, 그리고 그 환경이 주는 복잡한 감정들이 뒤섞여 몇 번이나 속이 울렁거려 바깥 공기를 쐬러 나갔다 들어와야 했다.

하지만 그런 일차원적인 어려움을 날려버릴 경험을 매일 마주했다. 붕대를 벗기는 순간, 눈을 깜빡거리다가 실눈을 뜨고 점점 눈이 휘둥그레지면서 치아를 다 드러내며 환하게 웃는 환자들, 내가 이해하지 못하는 스와힐리어로 흥분해서 얘기하는 그들의 반응들이었다. 즉각적으로 효과가 나타나는 시력이라 그랬을까? 새로운 삶을 맞이하며 기뻐하는 그들의 표정이 모든 것을 말해주었다. 어떤 할머니는 나를 껴안아주기도 했고, 어떤 분은 내 손을 잡고 덩실덩실 춤을 추기도 했다. 내 옆의 통역관이 말해주기를, 나를 껴안아준 할머니는 "요상하게 생긴 이 꼬맹이가 나를 도와주네!"라고 말했다고 한다. 20년 만에 앞을 볼 수 있게 된 할머니의 시야에 처음으로 들어온 동양 사람인 나는 엄청 어리고 이상한 모습이었을 것이다. 요상하게 생긴 꼬맹이는 그 앞에서 벅찬 얼굴로 함께 환히 웃고 있었을 테다.

◦ 바람 빠진 타이어

며칠 동안은 새로운 경험이 주는 아드레날린으로 피곤한 줄 모르고 적극적으로 일을 하다가, 나흘째가 되자 아우토반을 쌩쌩 달리다가 갑자기 엔진이 '펑' 하고 터져버린 스포츠카처럼 극심한 피로가 몰려왔다. 조심한다고 했지만 걱정했던 배탈까지 나서 하루 꼬박 아무것도 먹을 수가 없었다. 힘이 없고 속도 매스껍고 온몸은 근육통으로 욱신거려 잠을 잘 수도 없었다. 총체적인 컨디션 난조였다. 그 상태로 치료소에서 겨우 하루를 견디고 숙소로 돌아왔는데, 저녁 브리핑에서 다음 날은 특별히 더 많은 환자가 기다리고 있어 평소보다 한 시간 더 일찍 시작한다는 청천벽력 같은 소식이 전해졌다. 새벽 6시에 출발하는 것도 힘들었는데 5시에 숙소를 나서야 했다. 하루 열서너 시간씩 강행군을 거듭해 지칠 대로 지쳤는데 내일은 더 힘들 거라는 소식에 갑자기 맥이 풀리고 대상 없는 짜증이 밀려왔다. 밥도 안 먹고 혼자 방으로 올라와버렸다.

'신혼여행을 와서 웬 고생이야. 내가 미쳤지. 근사한 리조트 같은 데 가서 호화롭고 편하게 지낼걸.' 후회도 밀려왔다. 제대로 된 식사를 한 지 오래였고, 따뜻한 샤워가 그리웠다. 수면 부족으로 얼굴은 푸석푸석하고, 근육통은 나아질 기미가 없었다. 먹고 자는 일차원적 욕구가 내게 이토록 중요했었나, 내가 이렇게 참을성이 없는 사람이었나, 여기까지 오면서 이 정도 각오도 하지 못했나…. 나의 어리석음과 스스로에 대한 실망감으로 마음이 좀처럼 진정되지 않았다.

그렇게 혼자 방에서 화를 삭이며 앉아 있는데, 문이 열리는 소리가 들렸다. 뒤늦게 나를 따라 올라온 남편이 눈치를 보며 분주하게 움직이기 시작했다. 갑자기 코끝을 자극하는 냄새가 났다. '이건 뭐지?' 테이블 쪽으로 눈을 돌려보니, 숙소 식당에 부탁해서 팔팔 끓인 물을 가지고 올라온 그는 컵라면에 물을 붓고 햇반을 데우고 볶음 고추장 튜브를 열어놓고 있었다. 내가 무슨 아이도 아니고 먹을 걸로 회유하려 하다니.

너무 정신없던 나머지 컵라면을 챙겨 먹을 생각도 못 했었다. 끓는 물을 구하는 게 쉽지 않았기 때문에 엄두가 나지 않았던 이유도 컸다. 툴툴거리며 테이블로 와서 귀찮다는 듯 한 젓가락을 말아서 입으로 가져갔다. 후루룩. 너무 맛있어서 기가 막혔다. 천상의 맛이었다. 배탈이고 뭐고 컵라면을 집어 들고 면발을 진공청소기처럼 빨아들인 다음, 밥을 말고 고추장까지 풀어서 국물까지 말끔하게 해치웠다. 그렇게 컵라면 하나, 햇반 하나, 그리고 볶음 고추장 한 튜브로 우리는 결혼 후 맞이한 첫 위기를 무사히 넘길 수 있었다. 남은 이틀 동안 나는 컵라면을 매일 한 개씩 먹어치웠다.

◦ 탄자니아에서 본 한국

봉사가 끝나갈 무렵, 1층 환자 접수대에서 도움이 필요하다는 연락이 왔다. 모든 스테이션을 돌던 나는 드디어 의자에 앉아 서류를 작성하며 아픈 다리를 쉴 수 있다는 생각에 기분 좋게 새로운 포지션에 자리를 잡았다. 한 시간 즈음 지났을 때, 열다섯 살 정도 되어 보이는 소년이 접수 데스크로 왔다. 한쪽 눈이 전혀 보이지 않는다는 그 소년의 기본 정보를 적고, 조금만 기다리면 의사와 만날 수 있다는 얘기를 하던 찰나, 소년이 입고 있던 셔츠에 눈길이 갔다. '조.영.진.' 순간적으로 내가 너무 피곤해서 헛것이 보이는구나 싶었다. 눈을 깜빡거리다가 다시 자세히 보니, 한국 중학생 교복이었다. 한국에서 탄자니아로 보낸 구호물자 중 중학교 교복도 포함되어 있었던 것이다. 한글로 이름이 새겨진 교복 셔츠를 입고 있던 소년은 나를 보고 활짝 웃으며 대기하던 의자로 돌아갔다. 그의 얼굴이 지금까지도 기억 속에 선명하다.

같은 날, 일이 끝나고 남편과 처음으로 숙소 밖 거리를 걸으며 바람을 쐤다. 동양 사람이 극히 드문 이곳에서 우리는 어딜 가나 구경거리였다. 아이 어른 할 것 없이 다들 신기한 듯 쳐다봤고, 아이들은 우리 뒤를 따라오면서 말을 건네기도 했다. 그렇게 마을을 탐험하고 있는데 갑가지 눈앞에 '도봉동'이라는 글씨가 크게 쓰인 버스가 지나가는 것이 아닌가. 도봉동이 종착지였던 마을버스가 도도마 시내를 돌고 있던 것이다. 이 버스 역시 우리나라가 보낸 구호물자였다. 필요한 곳에서 자원의 순환이 이뤄지고 있어 다행이라는 생각을 하면서도, 바로 눈앞에 보이는 가난과 부인할 수 없는 부의 불평등에 대한 자각으로 마음이 복잡해졌다.

토요일 아침, 마지막으로 전날 수술 받은 환자들의 환부를 살폈다. 어느새 수술 부위 소독은 눈 감고도 할 수 있을 것 같은 전문가가 되어 있었다. 마지막 날이라는 생각에 더더욱 정성스럽게 환자들을 돌보았다. 모든 치료를 끝내고 팀원들은 서로 긴 포옹을 나누었다. 전심전력으로 일주일 동안 함께 고생을 해서일까. 짧은 시간에 매우 가까워진 동지처럼 느껴졌다. 기념사진 촬영을 마치고 버스에 올라탔다. 팀을 통솔하는 매니저는 일주일 동안 2,500명의 환자들을 진료했고, 약 500차례의 수술을 성공적으로 마쳤다는 발표를 했다. 버스에서 박수와 함성이 터져 나왔다. 고생해줘서 고맙다는 말과 함께 특별식인 닭요리가 들어 있는 도시락을 받았다. 고기가 거의 붙어 있지 않은 뼈가 앙상한 닭이었다. 이것이야말로 진정한 유기농 닭이라는 얘기를 하면서 음식을 바라봤다. 이곳 사람들의 식량을 뺏는 것 같은 불편함 때문에 그 맛을 전혀 즐기지 못했다.

버스는 어느새 조용해졌다. 일주일 동안 긴장하면서 쌓인 피로 때문인지 모든 인원이 순식간에 잠에 곯아떨어졌다. 나는 너무 피곤했지만 쉽게 잠이 오지 않았다. 지난 일주일 동안 보고 냄새 맡고 만지고 느꼈던 것들이 내 안에서 뒤엉켜 마음을 정리할 시간이 필요했다. 덜컹거리는 버스 안에서 창밖을 바라보았다. 탄자니아에 도착해 겨우 일주일밖에 시간이 흐르지 않았지만 수년이 지난 듯 변해 있는 감정을 조용히 마주했다.

지금까지 나의 욕구를 접어두고 순수하게 타인을 위한 시간을 보낸 적이 있었던가? 나는 내 몸 상태와 내 욕구 때문에 짜증을 내고, 세계에서 가장 부유한 도시에 속하는 서울과 뉴욕을 삶의 무대로 살면서 내가 누리는 모든 것들을 당연하게 여겼다. 오히려 더 많이 갖지 못한 것에 대해 불평하며 살았다. 세상에는 기본적인 시설과 환경을 조금도 누리지 못하는 사람들이 너무도 많다. 그럼에도 불구하고 나보다 훨씬 기쁘게 살아가는 사람들과 보낸 일주일은 인생의 의미를, 풍요로운 삶의 정의를 다시 생각하게 했다. 힘든 육체노동의 경험 또한 생생하고 소중한 선물이었다.

물론 그런 감정은 오래 머물지 않았다. 여전히 뉴욕 생활이 주는 편리함과 화려함에 빠지고, 일에서 오는 스트레스에 불만을 품고, 내가 갖지 못한 것들에 대한 욕심이 나의 시야를 흐리게 하기도 한다. 하지만 탄자니아에서 바라봤던 새벽의 풍경, 붕대를 벗기자 놀라움과 기쁨으로 눈이 휘둥그레지던 환자들의 표정, 조영진이란 이름을 달고 다니는 탄자니아 소년의 미소, 나를 끌어안았던 할머니의 체온, 눈코 뜰 새 없이 바쁜 와중에도 진료소에서 마주칠 때마다 하이파이브를 하며 지나가던 남편의 다감한 시선과 특별한 신혼여행에서 얻은 감동은 결코 잊지 못할 것이다. 더 너그럽고 더 포용하고 매사에 감사하는 마음을 품은 내가 되어 다시 탄자니아의 땅을 밟기를 기대한다.

여성으로 산다는 것

요즘 떠오르는 여러 화두 중 가장 많은 관심을 받는 것은 다양성과 포용력Diversity and Inclusion일 것이다. 특히 여러 인종이 모여 사는 미국에서는 대부분의 조직이 표면적으로나마 중요하게 생각하는 지표로 다양성과 포용력을 내걸고 있다. 물론 아직 개선되어야 할 부분이 많지만 백인 남성 중심에서 여성과 소수인종의 목소리에 귀를 기울이기 시작한 현상은 매우 중요하고 바람직한 변화다.

리더십과 포용력 분야 컨설팅 회사 대표가 진행하는 워크숍에 참석할 기회가 있었다. 로스쿨 동문이기도 한 그녀는 리더십을 구축하기 위해서 다양성이 필요한 이유에 대해 발표했다. 내용 중에 가장 인상적이고 기억에 남는 부분은, "Not how much you hire, but how much you promote"이었다. 여성과 소수인종을 인재로 영입하는 것에 그치지 말고 그들이 승진할 수 있는 기회를 제공해야만 진정한 의미의 다양성을 갖출 수 있다는 것이었다. 단순히 통계에 반영될 숫자 늘리기가 아니라 비즈니스에 직접적인 영향을 미칠 수 있는 리더십의 기회를 살펴보면 조직이 얼마나 다양성에 투자하고 있는지 알 수 있다는 것이다.

대학 졸업생, 로스쿨이나 MBA 등 프로페셔널 스쿨에서 졸업하는 학생 중 여성의 비율은 꽤 높다(2018년 기준, 조사에 따르면 로스쿨 졸업생의 52퍼센트가 여성이다). 하지만 이에 비해 C-Suite(기업의 임원진)나 파트너십까지 승진하는 숫자는 여전히 극소수다. 승진에 있어서도 남성은 앞으로의 가능성을, 여성은 이미 이뤄놓은 업적을 바탕으로 승진을 한다는 사실은 이미 꽤 오래전에 나온 조사 결과다. 그만큼 여성에게 더 엄격한 잣대를 적용한다. 나 역시 이와 같은 사회 분위기를 몸소 체험했기 때문에 이 주제에 대해 특히 관심이 많았고, 동료들과의 대화에서 자주 등장하는 화제이기도 하다.

국제기구에서 협업하던 대형 로펌 여성 파트너 변호사가 있다. 미국 정부에서 커리어를 시작한 그녀는 부시와 오바마 정부에서 국제법 전문가로 일했고, 국제무역 협약을 협상하는 팀에서 활약하다가 대형 로펌 국제중재팀에 합류했다. 쇼핑을 너무 좋아하는 탓에 정부 기관에서 연봉이 높은 로펌으로 이직할 수밖에 없었다고 화통하게 농담을 하는 시원시원한 성격의 그녀는 여성이면서 자메이카 출신 소수인종으로 나와 공감대가 쉽게 형성되었다. 업무로 만났지만 개인적인 친분이 쌓이면서 종종 따로 만나는 시간을 갖곤 했다.

어느 날, 회사 근처 호텔 바에서 칵테일 한잔을 하면서 승진에 대해 각자 겪은 얘기를 나누게 되었다. 그녀는 남성 동료와 함께 중요한 클라이언트를 영입해왔는데, 시니어 파트너 팀장이기도 한 그 남성 동료 변호사가 사건 총책임을 맡게 되었다고 했다. 로펌 역시 팀 운영이 수직적인 경우가 많고, 그때 그녀는 파트너가 된 지 얼마 되지 않았기 때문에 그러려니 했다. 공동으로 사건을 이끌고 클라이언트를 유치한 공으로 사건 수임 파트너로 당연히 이름을 올릴 거라 예상했지만 케이스를 끝내고 보니 여러 이유로 수임 파트너로 인정해주지 않았다. 로펌 매니지먼트에 의견을 피력했지만 결과적으로 인정을 받지 못했다. 처음부터 로펌 측에서 그녀의 공을 당연히 인정해줄 거라고 생각한 것이 실수였다며, 그다음부터는 케이스를 맡을 때 자신의 요구를 정확하게 문서화했다. 한 번의 실패를 다음을 위한 교훈으로 삼은 것이다. 그리고 지금은 다른 로펌에서 훨씬 좋은 직장 문화를 경험하고 있다고 말했다. 요점은, 보수나 승진에 있어서 '알아서 해주겠지'라는 생각은 큰 오산이라는 것이었다.

2017년, 영화 업계를 뒤집어놓은 소니 픽처스 해킹 사건이 있었다. 영화사 임원들의 이메일이 대중에게 공개되었는데, 동등한 인지도를 가지고 영화에서 공동 주연을 맡은 여배우가 남배우보다 훨씬 낮은 개런티를 받은 사실이 세간에 드러났다. 여배우가 남배우와 동급의 스타였음에도 불구하고 적나라한 개런티 차이를 보여 큰 이슈를 낳았고, 할리우드를 넘어 다양한 분야에서 많은 여성들이 비슷한 종류의 부당함을 공개하고 그에 대한 개선을 요구하는 계기가 되었다.

이 사건은 내가 맞닥뜨린 어려움을 고찰하는 데 도움이 되었다. 국제기구에서 바로 위 상사가 기구를 나가고 1년 반 동안 디렉터 자리가 공석이었다. 진행시키고 있는 사건과 프로젝트가 수없이 많아서 나는 국장대행을 맡고 자연스럽게 디렉터의 업무까지 책임지게 되었다. 이미 퇴사한 다른 동료의 업무도 책임지고 있었는데, 거기에 더해 리더십 포지션까지 맡게 된 것이다. 많은 업무로 고단했지만 좋은 기회라 여기고 적극적으로 일에 뛰어들었고, 본부 매니지먼트와 나의 공식 승진에 대한 대화가 오고 갔다.

파리 본부에서 여러 미팅과 발표, 회의 끝에 매우 긍정적인 평가가 나왔다. 하지만 관료제적인 특성으로 일의 진행이 더뎠고 공식 발령이 떨어지지 않았다. 더군다나 당시는 새로 부임한 사무총장이 임기를 시작하는 시기여서 모든 부서가 대대적인 지각변동을 맞이하게 되었고, 본부가 아닌 지부에 있는 나의 발령은 계속 뒤로 밀려나버렸다. 국제기구에서 최소 3년을 채우고 퇴사할 계획이었던 나는 일이 이렇게 되자 승진을 하고 나가겠다는 오기가 생겼고, 수시로 본부에 내 입장을 피력했다. 하지만 그 상태로 1년이라는 시간이 흘렀다. 디렉터 업무를 하고 외부 행사에서 기구를 대표하는 역할을 맡고 있었지만 공식적인 발령 전이라 그에 따른 보상은 받지 못했다.

앞선 예처럼 '알아서 해주겠지'라고 생각하기보다 모든 조건을 문서화했어야 한다는 것을 시간이 지나서야 깨달았다. 그 당시에 답답한 마음을 해소하려 여러 사람에게 조언을 구했는데 많은 이들이 공통적으로 하는 얘기가 있었다. 그건 바로 '내가 만약 남성이었으면 1년 넘게 대기 발령 상태였을까'라는 것이었다. 확신할 수는 없지만 프로페셔널 사회에서 드물지 않게 발생하는 현상이었고, 젠더가 어떤 역할을 했는지 의문을 품지 않을 수 없었다. 이 경험을 통해 내린 결론은, 내 가치를 믿고 이를 인정받기 위해 적극적으로 요구하고 협상하고 문서화하는 방식을 습관화해야 한다는 것이었다. 편협함이 엄연히 존재하는 사회는 스스로 요구하지 않으면 아무도 챙겨주지 않는다. 쓰린 경험이었지만 내 커리어를 어떻게 관리해야 하는지를 배운 중요한 기회였다.

요즘 들어 자주 등장하는 슬로건이 있다. "자리를 차지하고, 목소리를 내!Take up space, make some noise!" 여성, 소수인종, 사회적인 약자, 모두에게 해당하는 말이다. 언젠가는 당연하게 모두 동등하게 대우받는 사회가 되길 기대하면서, 그때까지 내 자리를 당당하게 차지하고 크게 목소리를 내는 연습을 계속하려 한다.

◦ 출산과 육아

또 다른 대형 로펌 여성 파트너 변호사와 점심을 할 기회가 있었다. 업무 관련 얘기를 하다가 늘 그렇듯 업계에서 여성으로 일하는 경험에 대한 이야기로 자연스럽게 화제가 전환되었다. 일터가 달라도 여성으로서 맞닥뜨리는 경험은 비슷해서 공감대가 바로 형성된다.

그녀의 로펌에서는 공식적인 멘토 멘티 프로그램이 활발한데, 같은 중재 분야에서 맺어진 멘티와의 경험에 대해서 이야기를 나눴다. 로펌은 대개 출퇴근 시간이 자유롭다. 팬데믹으로 인해 많은 기업이 적용한 재택근무도 로펌에서는 팬데믹 이전부터 많이 시행하고 있었다. 함께 일하는 팀과 원활하게 소통하며 자신이 맡은 일을 차질 없이 해내면 특정 시간에 출근하지 않고 재택근무를 해도 문제가 되지 않는다. 그녀는 큰 사건을 맡은 팀의 리더였는데, 함께 일하면서 친밀한 관계를 유지하게 된 멘티는 그해 첫아이를 출산한 삼십 대 초반의 변호사였다. 아기를 출산한 첫해에는 예방접종이 많아서 병원에도 자주 들러야 하고 처리할 일이 많다. 그럴 때는 재택근무가 시간 절약뿐만 아니라 여러 면에서 효율적이기 때문에 그녀는 팀에게 종종 "오늘은 아기 데리고 잠시 병원에 가야 해서 재택근무 합니다" 혹은 "오늘은 이러이러한 이유로 재택근무 합니다"라는 메일을 보냈다고 한다. 파트너 변호사는 나중에 그 멘티와 점심 약속을 잡고 이렇게 조언했다고 한다.

"재택근무를 알리거나 미팅 콜 시간을 조정할 때 굳이 이유를 설명하지 않아도 됩니다. 시간만 잘 분배하고 일을 차질 없이 해내기만 하면 되는 거니까 편하게 자신의 스케줄에 맞춰 조율하세요."

그녀는 눈썹을 치켜올리면서 내게 덧붙였다.

"남성 동료들이 '내가 오늘은 이러이러해서 안 돼요, 오늘 아이가 어쩌고저쩌고해서 집에서 근무해요'라고 이유를 설명하는 거 봤어요? 그냥 안 된다고 딱 잡아 말합니다. 자신의 시간을 잘 관리하면 그만이에요. 가정에서 필요한 일을 하는데 우리가 그걸 정당화시키거나 미안해할 필요가 없잖아요."

아주 단순하면서도 시원한 발상 아닌가? 그녀를 수장으로 둔 팀이 참 운이 좋다는 생각을 했다.

이 경우와 완전히 180도 반대이지만 같은 가치를 지향하는 경우도 경험했다. 국제기구에 있을 때 여러 명과 매주 반복되는 콘퍼런스 콜을 진행한 적이 있다. 텍사스, 런던, 브뤼셀, 그리고 뉴욕. 이렇게 각각 생활하는 시간대가 다른 팀이 모두 가능한 시간을 찾기란 쉽지 않았다. 여러 옵션을 제시하다가 세 팀이 가능한 시간으로 의견이 모아졌다. 하지만 런던에 사는 변호사가 우리가 제안한 시간은 아예 안 된다고 말하는 것이었다. 여러 의견을 거쳐 어렵게 선택한 시간이어서 30분 전후로 조정해도 불가능하냐고 질문했는데, 그 변호사는 이렇게 말했다.

"그 시간은 우리 아이가 하교하는 시간이라 불가능합니다. 그보다 한 시간 더 일찍 가능할까요?"

다른 팀원들은 이미 스케줄이 차 있어서 시간 조정이 불가능하다고 말했다.

"그러면 저 대신 제 동료가 참여해서 노트를 하고 제가 따로 이메일로 논의를 하겠습니다."

망설임 없이 당당하게 육아를 언급하며 업무 일정을 조율하는 이 방식 역시 신선했다. 자신의 행동을 설명하려는 의도가 아니라, 일만큼이나 아이의 하교 시간을 책임지는 것이 중요하다는 자신의 우선순위를 자연스럽게 동료들에게 내보이는 태도였다. 눈치를 보는 워킹맘이 아니라 육아와 일의 동등한 균형을 정상화시킨다는 면에서 큰 의미가 있다고 생각한다.

물론 앞서 언급한 경우와 다르게 이 변호사는 국제중재팀을 이끄는 팀장이자 파트너 변호사였고, 그 위치에서 조금 더 편하게 취하는 행동일 수도 있다. 하지만 이 변호사의 방식은 다른 후배들 역시 당당하게 일과 육아의 균형을 맞추는 분위기를 조성할 수 있도록 문을 열어주었다. 마침 나도 당시 임신 관련 병원 진료가 꽤 있을 때라 업무 중간에 잠깐 자리를 비우거나 반차를 내는 경우가 많았고, 내가 관리하는 팀과 스케줄 조정을 하곤 했다. 그 당시 내가 팀 리더였고 우리 팀은 여성이 대부분이어서 눈치를 볼 필요가 없었지만, 만일 그런 분위기가 아니었다면 아무래도 마음이 편하지 않았을 텐데 말이다. 열려 있는 리더십이 더 많아야 하는 이유다.

직장 문화, 상사 혹은 팀의 스타일에 따라 가장 바람직한 방식은 여러 가지 양상을 띨 수 있다. 이건 단순히 젠더 문제가 아니다. 한 가지 분명한 점은 출산, 육아와 일을 병행하는 사람들이 리더의 자리에 많이 진출할수록 커리어와 삶의 균형을 잡을 수 있는 다양한 방법에 대한 논의가 이루어질 수 있다는 것이다. 여성뿐만 아니라 남성들 역시 육아와 일을 병행하기 위해 노력하고 고민하는 것이 자연스러워지는 사회 분위기가 되길 기대한다.

코로나 팬데믹으로 인해 여성의 경제권이 1980년대 위치로 뒷걸음질했다는 우울한 기사가 쏟아져 나오고 있다. 집 안에서 가사노동과 육아를 담당하는 비율, 심지어 일자리를 떠나는 비율도 여성이 훨씬 높다. 여성의 커리어가 훨씬 더 큰 피해를 본다는 사실은 팬데믹이 끝나도 사회가 풀어야 할 문제로 남아 있다. 사회가 평등으로 가는 길을 찾아야 한다는 점에서 모두가 관심을 가져야 할 이슈임에는 틀림없다. 이 와중에도 자신만의 방식으로 보이지 않는 유리 천장을 부수고 있는 여성들의 삶에서 용기와 힘을 얻을 수 있다는 것이 얼마나 감사한 일인가. 앞으로 그 노력에 참여하기 위한 내 역할을 계속 고민해갈 것이다.

터프함을 배우다

제이지와 알리샤 키스의 콜라보레이션으로 빌보드 1위를 석권한 뉴욕에 대한 노래 〈Empire State of Mind〉에는 이런 가사가 등장한다. "and since I made it here, I can make it anywhere…." 뉴욕에서 살아남을 수 있다면 어디에서든 살아남을 수 있다는 말이다. 한 발 나아가, 뉴욕에서 살아남을 수 있는 정도면 뭐 하러 뉴욕에서 이런 고생을 하느냐, 다른 곳에서 더 잘살 수 있을 텐데, 라는 이야기도 나온다. 그만큼 뉴욕 생활은 차원이 다른 터프함이 필요하다는 말이다.

로스쿨에서 취업 준비를 할 때 뉴욕의 스피드와 직장 문화에 대한 정보를 익히 들었지만, 막상 일을 해보니 정말 쉬운 곳이 아니라는 것을 실감했다. 성공에 대한 야망이 높은 사람들이 전 세계에서 모여 치열한 경쟁을 벌이는 곳이다 보니, 일종의 전쟁터임이 확실하다.

맷집이 단단하고 멘털이 강하고 배짱이 세고 체력이 좋고 많은 잠이 필요 없는 사람. 뉴욕에서 살아남을 뿐만 아니라 성공하는 데 필요한 조건을 가진 이런 사람들과 나는 거리가 멀었다. 고등학교 때부터 가수 생활을 했지만 그때 나는 집에서 부모님과 함께 생활했고 소속사와 매니저가 많은 일들을 도맡아서 관리해주었고, 늘 함께 이동하고 붙어 다니는 팀이 있었다. 지금처럼 모든 것이 노출되는 온라인 세상도 아니었다. 이십 대 후반에 유학을 오고 뉴욕 법조계에서 일을 시작하면서, 나는 그제야 제대로 된 독립을 경험했다. 그 과정이 순탄하거나 매끄러울 리 없었지만, 다행스럽게도 내겐 길을 터준 롤모델이 있었다. 뉴욕에서 20년 넘게 아티스트로서의 삶을 살아온 나의 언니다.

언니는 어렸을 때부터 피아노에 재능을 보였다. 중학교 때 입상한 콩쿠르에서 만난 선생님의 권유로 음악을 계속하기 위해 나머지 가족이 한국으로 돌아올 때 언니 혼자 미국에 남았다. 지금처럼 페이스타임으로 얼굴을 보며 통화할 수도, 메시지를 자유롭게 주고받을 수도 없던 시절이었다. 열다섯 나이에 홀로 미국에 남은 언니와 한국으로 돌아와 또 다른 낯선 세계에 들어선 듯 외로웠던 나는 손편지를 주고받으며 서로를 격려

하고 그리워했다.

나는 언니의 줄리아드 음대 입학 과정 스토리를 전혀 모른다. 엄마 아빠 역시 백지에 가깝다. 혼자 원서를 접수하고 뉴욕으로 와서 오디션을 보고 학교에 합격한 후에야 언니는 한국에 있는 우리 가족에게 결과를 알렸다. 맏이여서인지, 어렸을 때부터 독립적으로 혼자 정보를 구하고 방법을 찾아야 하는 상황에 놓여서인지, 언니는 어디에 떨어뜨려놔도 살아남을 것만 같은 서바이벌 기질을 보였다. 언니의 오랜 친구들과 얘기를 나누다 보면, 아담한 체구의 이 동양 여자를 얕보았다가는 큰 코 다친다는 각종 영웅담을 전해주곤 했다. 어떻게 같은 엄마 배 속에서 나온 자매가 이렇게 다를 수 있는지 신기할 따름이다.

언니는 학교를 다니면서 온갖 아르바이트를 하며 생활비를 벌었다. 연습하고 콩쿠르 준비를 하면서 뉴욕에서 아이들 레슨을 했고 학교 기프트숍에서 일했다. 학교 로고가 새겨진 후드티와 셔츠를 정리하고 포장을 한 경험 덕분에 지금도 언니의 짐가방에 담긴 옷들은 방금 매장에서 꺼내온 듯 깔끔하다.

내가 대학교 2학년이 되던 여름에 언니는 2년 만에 한국을 방문했다. 월세가 저렴한 반지하 원룸에서 살던 언니의 짐가방에서 동거하던 바퀴벌레가 긴 여행 끝에 서울 집 마루에 착륙했을 때 엄마의 기가 찬 표정을 잊을 수 없다. 언니는 아무렇지 않게 그 가방에서 작은 파란색 상자를 주섬주섬 꺼내서 난생처음 티파니 주얼리 박스를 내 손에 쥐어주었다. 실버로 만든 심플한 반지였지만, 그 당시 언니 입장에서는 반년을 일해 번 거금을 들여 동생을 위해 산 반지였다. 그때 언니의 마음을 상상하면 지금도 마음이 따뜻하게 차오른다.

음반 활동이 마무리되고 대학교에 복학하기 전, 나는 뉴욕 언니 집에서 한 달 동안 머물렀다. 학교 다니느라, 연습하느라 늘 바빴지만 언니는 항상 나와 재미있는 일을 꾸미는 데 열심이었다. 한번은 연습을 마친 금요일 저녁에 그레이하운드 버스를 타고 짧은 주말여행을 가기로 했다. 언니는 우리의 모험을 준비하면서 내게 비장한 얼굴로 지침을 내렸다. "소은아, 우리 가죽 재킷을 꼭 입고 가야 해." 지금보다 범죄가 많이 일어났던 뉴욕의 2000년대 초반, 스무 살 갓 넘은 동양 자매 둘이 어두운 밤에 버스를 타는 것이 위험할 수 있으니 터프해 보이기 위해 가죽 재킷을 입어야 한다는 것이었다. 푹푹 찌는 여름밤, 우리 둘은 땀을 비 오듯 흘리면서 가죽 재킷의 보호를 받으며 안전하게 여행을 다녀올 수 있었다.

내가 로스쿨을 다닐 때 시카고는 영하 25도가 넘는 혹한의 날씨가 계속되었다. 11월부터 4월까지 지속되는 지겹고 긴 겨울 동안 매서운 칼바람이 부는 미시간 호수 옆 아파트에 살았는데, 언니가 연주회 일정으로 시카고에 온 적이 있었다. 오랜만에 보는 언니와 시간을 보낼 기대로 마음이 붕 떠 있었고, 미리 밤새워 과제를 다 해놓았다. 언니는 우리 집에 오자마자, 콘서트에서 입을 드레스를 꺼내 걸어놓기도 전에, 먼저 포장지에 싸인 고무로 된 무언가를 꺼냈다. 그러곤 곧바로 차가운 바람이 새어 들어오는 창틀 사이 공간을 막는 공사에 착수했다. 언니와 전화할 때마다 집이 추워 죽겠다는 불평을 했었는데, 내 집 수리를 하기 위해 준비해온 바람막이 방한 테이프는 언니의 연주 드레스와 악보와 너무나 어울리지 않다고 생각했다.

로스쿨은 반복해서 나를 무너지게 하는 경험을 선사했다. 모의재판 시간에 교수님께 왕창 깨진 어느 날, 풀이 죽어서 이른 오후에 집에 돌아와 언니에게 문자를 보냈다. "언니, 나 머리가 너무 나빠서 여기서 살아남지 못할 것 같아." 언니는 늘 그렇듯, "Chin up, sweetie! 넌 할 수 있어!"라는 격려의 문자로 답을 했다. 한 시간 후, 갑자기 아파트 로비에서 전화가 왔다. 주문한 음식을 가져가라는 것이었다. 주문한 게 없는데 무슨 소리지, 어리둥절해하며 로비로 내려갔더니, 내 앞으로 시카고의 유명한 타이 음식점에서 배달이 온 것이었다. 집에 와서 풀어보니, 내가 좋아하는 요리 두 개와 함께 언니의 메시지가 등장했다. 배고프면 기분이 더 다운된다고, 맛있게 먹고 다시 달려보자는 격려의 메시지였다. 음식 주문 배달 앱이 세상에 나오기도 전에, 뉴욕에서 시카고의 음식점을 검색하고 전화해서 주문을 했을 언니의 마음이 전해졌고 맛있는 요리를 먹기도 전에 난 이미 에너지 충전이 되었다.

변호사 시험 준비 중 허리디스크가 심해져서 몇 주 동안 움직이지 못했을 때에도 언니는 그간 열심히 쌓아놓은 비행기 마일리지를 이용해 뉴욕에서 시카고로 왔다. 바닥에 누워서 꼼짝 못 하는 동생을 보고 한숨을 쉬던 언니는 며칠 동안 먹을 수 있는 카레와 볶음밥을 만들어 냉동실에 얼려놓고, 피아노로 단련된 손으로 사흘 동안 아침저녁 허리 마사지를 해주었다. 그래서인지 언니와 함께 미시간 호수를 걸을 정도까지 허리가 회복되었다. 무엇보다도 언니는 절망감에 휩싸였던 내 마음을 치유해주고 변호사 시험이 끝나면 함께 여행을 가자며 기대를 심어준 채 활짝 웃으며 떠났다.

지금도 여전히 일을 하면서 부딪치는 어려움과 갈등으로 괜히 의기소침해질 때 언니와 이야기를 한다. 감성과 경험을 공유하는 우리 자매는 별다른 설명 없이도 서로의 마음을 백분 이해할 수 있다. 언니는 음악에 대한 깊은 고찰로 형성된 자신만의 확고한 철학을 가지고 있다. 한번은 여러 방면으로 변화하는 예술 비즈니스에 대한 이야기를 나눴다.

누구나 창조를 하고 그 결과물을 공유할 수 있는 플랫폼이 생겨 민주적이라는 장점이 있지만, 그 과정에서 예술에 반드시 필요한 단련과 수련의 중요성을 더 강조해야 한다는 이야기를 나누던 중 피카소를 언급했다.

"피카소가 큐비즘의 세계를 구축하는 과정에서 처음부터 그런 미술 세계로 시작했을까? 오랜 세월 동안 실력을 키우기 위해 기본이 되는 스케치로 시작해서 끊임없이 연구하고 연습하고 고민하면서 그 많은 습작들을 통해 피카소의 예술은 구체화되었지. 그 치열한 단련 덕분에 피카소의 유일무이한 세계를 우리는 경험할 수 있잖아. 그런 노력의 과정은 반드시 필요해."

테크놀로지와 예술의 경계가 흐릿해지면서 입소문으로 단박에 화제가 되고 소셜미디어를 통해 단숨에 스타가 되기도 하는 급변하는 문화 속에서 아티스트로서, 교육자로서의 언니의 철학은 내가 일을 대하는 태도에도 영향을 준다.

언니는 일상의 작은 경험들조차 음악을 더 깊이 들여다볼 수 있는 기회로 삼는다. 심지어 치아 교정에 대해서도 이런 이야기를 공유한다.

"오늘 치과에 갔는데, 교정이 끝나도 보조기는 평생 해야 교정된 치아 상태를 유지할 수 있대. 그래서 오늘 수업에서 학생들에게 얘기했어. 이건 음악을 하는 것과 너무 똑같다고. 어떤 곡을 한번 제대로 연습해서 연주를 했다고 그걸로 완성되는 것이 아니라, 계속해서 연습하지 않으면 그 실력은 절대로 유지가 안 돼. 치아를 교정하는 것처럼 매일매일 끊임없이 관리를 해야 하는 거지. 음악에서, 그리고 인생에서 완성이란 없어. 꾸준히 노력하는 것 자체에 의미가 있는 거야."

언니의 음악 동료들은 예외 없이 언니를 강인하고 강렬한 사람이라고 표현한다. 어릴 때부터 가족과 떨어져 아무 연고도 연줄도 없는 미국에서 냉정한 뉴욕의 음악 세계를 온전히 자신의 힘으로 개척한 언니의 터프함은 어떻게 길러졌을까?

언니는 수많은 거절과 비판을 이겨내고 외로움과 자기 의심에 맞서 인내하면서, 단단하게 뿌리내려 강인하게 성장했다. 그리고 그 토양의 중심에는 사랑이라는 양분이 있음을 안다. 늘 그리워했던 가족을 위해서라면 무엇이든 할 수 있었고, 사랑하는 음악적 삶을 위해 끊임없이 자신의 실력을 연마해 예술 세계를 확장했다. 그리고 무엇보다도 자기 자신을 사랑했기 때문에 상처가 될 수 있는 것들은 절대로 자기 안으로 들어오지 못하도록 강력한 방패를 쳐놓았다. 어쩌면 언니는 우리가 버스

여행을 했던 그날처럼 시시때때로 다른 종류의 가죽 재킷을 입고, 그 힘에 기대었는지도 모른다.

뉴욕에서 일을 시작했을 때 한동안 자주 했던 말이 있다.

"I am not tough like that(나는 그렇게 터프하지 않아)."

이곳에서 생활하고 일을 하는 게 너무 힘들다고 느껴질 때마다 이 말을 입에 달고 살았다. 내공이 부족하고 대범하지 못하고, 뒤늦게 맷집을 키우는 것도 불가능하게 느껴졌다. 하지만 시간이 지나면서 나에게도 언니처럼 내 나름대로의 터프함이 자리하기 시작했다는 것을 느낀다. 이 도시가 내게 준 선물일 수도 있다. 지금도 나는 깎이고 다듬어지며 쓸모없는 것들은 털어내고 덜어내는 중이다. 상처 난 곳에 새살이 돋을 때면 전보다 질긴 표피가 만들어지는 것처럼 내 마음에도 그런 변화가 계속되기를 바라며, "and since I made it here, I can make it anywhere(여기에서도 살아남았는데, 어디에선들 못 하겠어!)"를 모토로 삼고 나아갈 생각이다. 나도 오늘 가죽 재킷을 한번 다시 꺼내 입어 봐야겠다.

살아가는 것 자체가 진전이다

나는 어렸을 때부터 허리디스크로 고생을 했다. 무리를 하거나 스트레스를 받으면 내 몸은 바로 허리 통증으로 신호를 보냈다. 로스쿨 졸업 후 마지막 고비인 변호사 시험을 준비하는 2012년 여름 동안 시험의 압박으로 심한 스트레스를 받아서인지 급기야 허리병이 도졌다. 의자에 앉아 있을 수도, 누워 있을 수도 없는 상태가 돼버린 것이다. 일상생활에 필요한 모든 움직임이 고통스러웠다. 나중에 한방으로 치료를 시도하다가 들은 이야기인데, 몸과 마음에 무리가 와서 그냥 허리가 제 기능을 포기해버린 것이라 했다.

미국 변호사 시험은 참 이상하다. 로스쿨에서는 법 조항을 외우는 시험을 보지 않는다. 3년 내내 판례를 읽고 도출한 법을 다양한 사실관계에 적용하는 연습을 하고, 법조인처럼 생각하고 분석하는 법을 배우며, 논리적으로 변론하는 기술을 연마한다. 법 조항을 외우는 데 초점을 두지 않기에 모든 시험이 오픈북이다. 케이스북과 아웃라인을 펼쳐놓고 시험을 칠 수도 있다. 물론 시간이 없어서 이런저런 자료를 살피며 시험 보기는 힘들지만 어찌 되었든 암기가 필수인 과정이 아니다. 그런데 막상 변호사 시험은 연방법과 각 주의 법을 과목별로 무조건 달달 외워야 한다.

로스쿨 졸업식 후 변호사 시험 준비를 위한 몇 주간의 수업이 진행되는데, 그 수업이 시작한 지 2주 만에 나는 책상에 앉지도 걷지도 못하는 상태가 되었다. 예상치 못한 공부 방식에 당황한 것인지, 아니면 공부해야 할 절대량에 지레 겁먹은 것인지 알 수 없지만 내 몸은 파업을 했다. 통증으로 잠도 제대로 잘 수 없었고 조금이라도 허리에 힘이 들어가는 모든 일상적인 행동이 불가능해졌다. 학교에 갈 수도 의자에 앉아 있을 수도 없으니 수업을 중도에 포기할 수밖에 없었다.

겨우 고안해낸 방법이, 내가 살던 원룸의 딱딱한 바닥에 하루 종일 누워서 프린트물을 들고 외우는 방식으로 시험 준비를 하는 것이었다. 이 상황에서 능률이 오를 리 없었다. 급기야 언니가 뉴욕에서 시카고로 넘어왔다. 오자마자 언니는 내 집 광경을 보고 기가 막힌 표정을 지었다. 에어컨도 틀지 않아 푹푹 찌는 방 안에 100페이지가 넘는 시험 프린트물이 동생과 함께 널브러져 있었으니 말이다. 다행히 언니의 도움으로 위기는 모면했고 남은 시험 준비 기간 3주 동안 허리 보호대의 도움으로 두 시간 정도 앉아 있을 수 있는 상태까지 회복했다. 두 시간마다 30분씩 누워서 허리를 풀어주고 다시 앉아서 연습 시험을 보는 방식으로 시험 준비를 했다.

뉴욕주 변호사 시험은 여러 도시에서 치러졌는데, 나는 뉴욕주에 주소지가 없어서 버팔로라는 도시에서 시험을 보게 되었다. 시카고에서 버팔로까지 비행시간은 50분으로, 그리 멀지 않은 거리였다. 허리가 아파서 걱정했던 나에게 그나마 다행이었다. 시험 이틀 전 아침 8시 비행기를 끊었던 나는 새벽에 일어나서 버팔로로 가는 동기들과 함께 택시를 타고 시카고 오헤어 공항으로 출발했다. 하지만 공항에 도착해서 체크인을 하러 가니, 청천벽력 같은 안내 방송이 나왔다. 7시에 탑승 시작이 예정되었던 비행이 취소된 것이다. 연착된 것이 아니라 기계 문제로 아예 운항 자체가 취소되었다는 소식이었다. 그날 새벽 오헤어 공항은 패닉에 빠진 학생들로 가득 찼다. 일요일 새벽 승객은 변호사 시험을 치러 가는 시카고 전 지역의 로스쿨 학생들이 대부분이었는데 갑자기 취소된 비행기로 인해 다른 방법을 알아보느라 항공사 직원을 붙잡고 사정하고 화를 내고 울고불고, 완전히 아수라장이었다.

나 역시 항공사 직원에게 어떤 옵션이 있냐고 물어봤더니, 오늘 직항편은 오버부킹 되어서 불가능하고 다음 날 같은 시간 비행기로 가거나 오늘 여러 도시를 경유해서 가는 방법이 있다고 했다. 그나마 가장 단시간이 걸리는 방법은 오후 1시에 워싱턴 D.C.로 가서 여섯 시간을 공항에서 대기했다가 밤 10시 비행기를 타고 버팔로에 밤 12시에 도착하는 것이었다. 몸이 성해도 힘든 과정인데 허리디스크 환자인 내가 짐을 끌고 워싱턴 공항에서 여섯 시간 동안 어디에 누워 있을 수 있는지 계산이 서지 않았다. 하지만 다음 날 출발하는 것은 너무 불안했고 컨디션 조절을 못 할 거라는 판단에 오래 걸리더라도 그날 출발해야겠다고 결정했다.

시카고 공항과 워싱턴 공항 풍경은 정말 가관이었다. 터미널 바닥, 스타벅스, 패스트푸드점, 게이트 앞… 공간이란 공간 어디든 널브러져 책을 펼쳐놓고 마지막 시간 동안 죽어라 공부하는 학생들로 가득했다. 이상하게 힘들면서도 웃음이 나오는 상황이었다. 나는 워싱턴 공항에 도착해서 잠시라도 허리를 펴고 누울 곳을 찾았다. 이것저것 따질 때가 아니었다. 결국 다른 도시로 가는 비행기 탑승 게이트 앞에서 기다렸다가 사람들이 비행기를 타러 일어나자 자리 세 개를 차지하고 잠시 누워서 허리를 폈다. 그리고 책을 꺼냈다. 〈터미널〉이라는 영화에 등장하는 배우 톰 행크스처럼 공항에 살림을 차린 것 마냥 드러누워 있으니 얼마나 웃기는 상황인가.

그렇게 여섯 시간이 지났고, 우여곡절 끝에 버팔로로 향하는 비행기에 올랐다. 늦은 밤이라 호텔 셔틀버스도 끊긴 상태였고 지금처럼 우버 같은 택시 서비스도 없었다. 공항 직원이 알려준 번호로 전화해서 겨우 택시를 불러 타고 새벽 1시가 되어 호텔에 도착했다. 비행기로 50분이면 도착하는 버팔로에 집을 나온 지 열아홉 시간 만에 도착한 것이다. 시험을 하루 앞둔 나는 무조건 잠을 청했다.

원래 계획은 이틀 전에 도착해서 시험장에 가보고 근처 조용한 커피숍에서 여유롭게 시험을 위한 마지막 점검을 하고 마지막 날은 무조건 컨디션 관리에 몰두할 생각이었다. 하지만 전날의 스펙터클한 비행으로 계획은 엎어졌고, 시험 전날 나는 딱 두 시간만 공부를 하고 나머지는 허리 관리에 집중하기로 했다. 호텔 욕조에 뜨거운 물을 받아 한 시간씩 온찜질을 하고 스트레칭을 했다. 최대한 마음을 편안하게 하기 위해 명상 음악을 BGM으로 깔아놓고 노자의 〈도덕경〉을 낭송하는 오디오북을 틀어놓았다. “To the mind that is still, the whole universe surrenders.” 마음이 고요한 자에게 온 우주가 항복한다. 다부진 마음으로 속으로 외쳤다. ‘그래, 세상아, 나에게 항복해라. 허리야, 제발 나에게 항복해라.’ 내 상황에 헛웃음이 나오긴 했지만 마음을 다스리는 것이 제일 필요했다.

2012년 7월, 나는 허리 보호대를 차고 이틀에 걸쳐 시험을 치렀다. 점심시간으로 주어진 두 시간 동안 호텔에 다시 와서 침대에 누워 허리를 펴고 남은 세 시간의 시험을 무사히 견디기 위한 준비를 했다. 통증이 사라지지는 않았지만 다행히 허리에 마비가 오는 상황은 벌어지지 않았다. 그렇게 기적같이 이틀 동안의 시험 일정이 끝났다. 마지막 시험을 보고 나오는 길, 시험이 끝났다는 안도의 한숨을 내쉬었다. 정신력으로 버텼다는 뿌듯함을 안고 그날 밤 다시 시카고로 향하는 비행기에 올랐다. 딱 50분 동안 매끄러운 비행으로 편안하게 올 수 있었다.

그 뒤로 나는 로펌과 국제기구에서 일하면서 1년에 두세 번씩 허리병으로 심한 고생을 했다. 일이 바빠지고 데드라인이 임박하면 통증이 심해졌고 재판이나 프로젝트가 끝나자마자 곧바로 기다렸다는 듯 병이 도지는 악순환이 반복되었다. 바쁘다는 핑계로 몇 년 동안 계속 미뤄두었던 치료를 최근에 본격적으로 시작했는데, 병원에서 MRI를 찍고 검사를 진행하던 담당 의사는 내게 이런 말을 건넸다.

"오래 묵혀둔 질환이라 회복은 천천히 해야 할 겁니다."

10년 넘게 방치해놓은 허리디스크는 파열되었고, 다리까지 이어지는 신경을 누르고 있어서 꾸준한 물리치료와 운동으로 회복을 시도해야 한다는 처방이었다. 조금 늦긴 했지만 지금이라도 회복의 길로 들어서서 다행이라는 생각이 든다. 치료를 받고 운동을 하면서 허리디스크 외에도 방치해놓은 것이 없는지 내 삶을 되돌아보게 된다.

종종 변호사 시험을 준비했던 그해 여름의 기억이 떠오른다. 지긋지긋했던 스물일곱 과목의 법 조항과 400페이지가 넘는 아웃라인, 원룸 바닥에 널브러져 움직이지 못한 채 프린트물 사이에서 보낸 몇 주, 바쁜 시간을 쪼개 뉴욕에서 시카고로 날아와 나를 돌봐준 언니의 마음, 한국 가는 비행시간보다 더 오래 걸려 도착한 버팔로, 마음의 안정을 위해 호텔에서 틀어놨던 명상 오디오북…. 이제 다 재미있는 추억이 된 그때를 떠올리면서 생각한다. 내 생명이 걸린 것도 아닌 시험에, 왜 나는 그토록 나를 괴롭혔을까?

우리나라를 비롯해 세계 여러 젊은 친구들이 스스로 목숨을 끊는다는 소식이 들려온다. 정말 마음이 아프다. 각각 처한 사정과 그 마음을 다 헤아릴 수는 없지만, 불확실함과 압박감, 절망과 우울감을 나 역시 겪어봤기에 어떤 심정이었을지 조금은 이해할 수 있다. 하지만 그들을 붙잡고 이야기해주고 싶다. 지나갈 거라고, 나아질 거라고, 지금 절망적일지라도 코너만 돌면 또 다른 기회가 기다리고 있을 거라고. 자신이 만들어놓은 성을 부수고 나오면 더 큰 세상에서 자유로울 수 있다고.

지나고 보니 다양한 이유로 힘들었던 시간은 내 삶에서 꼭 필요한 과정이었다. 더 이상 떨어질 수 없을 것 같은 바닥을 치고 일어나 보니 기적처럼 새로운 길이 보였다. 우울증의 한중간에서 시야가 흐려져 헤어나올 수 없을 것 같던 순간, 절실하게 필요했던 격려의 말, 공감의 손길, 생각의 방향을 바꿔주는 아이디어는 반드시 나타났고 다시 나를 일으켜 세웠다.

맷집이 약하고 마음이 여리고 걱정할 이유를 귀신처럼 잘 찾아내는 내 속에도 그 못지않게 강력한 의지와 힘이 있다는 것을 경험했다. 내 삶에서 정말 중요한 건 한 손에 꼽을 수 있었고, 나머지는 지나가면 희미해지는 과정일 뿐이라는 것을, 충분히 잘해낼 수 있다는 것을, 이제는 안다. 앞으로도 무궁무진하게 나타날 인생의 고비를 더 편안한 마음으로 맞이하고 그 순간에 자신을 조금 더 소중하게 대해야 한다는 사실 또한, 이제는 안다.

몇 달 동안 물리치료를 받고 점점 허리 근육에 힘이 들어가는 것을 느낀다. 그간 나는 바닥을 치면서 그 반동의 에너지로, 주변 사람들의 걱정으로 대가를 치룬 힘으로 다시 일어서곤 했다. 이 또한 오래 묵혀둔 허리디스크처럼 고질적인 내 습관일 수도 있겠다는 생각이 든다. 이제는 바닥까지 내려앉기 전에 나를 붙잡아주고 자책보다는 나 자신에게도 친절을 베풀 줄 아는 사람이 되려 한다. 내 현재의 가치를 무조건 결과로 평가하지 않고, 최선을 다해 열심히 살아가는 순간들 자체가 갖는 가치를 인정하고 보듬어주려 한다. 코어 운동을 통해 허리 근육을 키우고 동시에 내 마음의 코어 역시 단단하게 단련시키면서 가벼운 발걸음으로 나아가자고, 그래도 된다고 다짐한다.

epilogue

나아가되, 아프지 않게

나는 여전히 크고 작은 고민에 싸여 있고 미래는 불확실하고 이루고 싶은 일은 많다. 내 삶이 어디로 흘러갈지에 대한 청사진은 없고, 어떻게 살아야 한다는 결론도 없다. 다만 지금 내가 서 있는 지점에서 도움이 되었던 생각과 경험을 되짚어보면서 나름대로의 이정표를 꽂게 된 내면의 이야기를 써 내려갔을 뿐이다. 몇 년 뒤 내가 어떻게 변화할지 모르지만, 오늘의 이 기록에서 희망의 씨앗을 재발견할 수 있길, 혹여 걸려 넘어질 때 이 기억이 길잡이가 되어주길 바란다. 더 욕심을 내자면 내 경험이 다른 누군가에게도 도움이 되기를, 가장 필요할 때 응원의 목소리로 다가가기를 바라본다.

길지 않는 인생이지만 책을 쓰면서 지금까지 살아온 시간을 돌아보고 정리하는 기회를 가졌다. 나름 열심히 노력해온 시간 동안 많은 변화를 겪은 나를 인정해주면서, 지금의 나 자신과 진솔하게 만날 수 있었던 보람되고 감사한 작업이었다. 이 과정에서 늘 따뜻한 격려로 단순한 기억 안에서 본질적인 이야기를 꺼내어볼 수 있게 도와준 수오서재의 황은희 편집자에게 감사를 전한다.

나의 이야기를 공유할 수 있다는 것이 얼마나 대단한 특권이자 행운인지 느낀다. 한국에서의 아티스트 생활을 뒤로한 지 벌써 17년이 지났는데, 여전히 내 음악을 듣고 나의 삶과 스토리에 따뜻한 관심을 가져주는 분들과 이 책을 읽는 독자 분들께 고마움을 전하고 싶다.

그리고 무엇보다도 변함없는 사랑과 지혜로 인생의 고비마다 나를 일으켜 세워준 엄마 아빠, 나의 소울 메이트인 우리 언니와 모든 가족들, 인생의 동반자로 늘 내 편에서 나를 지켜주고 응원해주는 남편, 그리고 그녀 이전의 세상을 상상할 수 없을 만큼 날마다 새롭고 놀라운 경험을 선사해주는 우리 딸 인애에게 고마움과 사랑을 한 아름 전하고 싶다.

대학교 전공 수업에서 읽은 토니 쿠시너의 작품《Angels in America》에 이런 대사가 나온다.

"Nothing's lost forever. In this world, there is a kind of

painful progress. Longing for what we've left behind, and dreaming ahead. At least I think that's so."

이십 대 초반에 읽었을 때와 마찬가지로 지금 이 순간에도 이 대사에서 용기를 얻는다. 이 세상에 영원한 상실은 없다. 아플지라도 우리는 오직 나아갈 뿐이다. 지나간 과거를 그리워하고 미래를 꿈꾸면서 그저 살아가는 것 자체가 진전이다. 한 가지 변한 것이 있다면, 조금 덜 아프게 나아가도 되지 않을까라는 생각이다. 'painful progress'보다는 'peaceful progress'를 해도 괜찮다고, 지금의 나로 충분하다고, 그렇게 나를 다독여주면서 고유한 나의 이야기를 계속 써 내려갈 것이다.

지금의 나로 충분하다

1판 1쇄 인쇄 2022년 3월 10일
1판 1쇄 발행 2022년 3월 21일

지은이 이소은
발행처 수오서재
발행인 황은희, 장건태
책임편집 황은희
편집 최민화, 마선영, 박세연
마케팅 장건태, 이종문, 황혜란, 안혜인
디자인 피포엘
제작 제이오
주소 경기도 파주시 돌곶이길 170-2 (10883)
등록 2018년 10월 4일(제406-2018-000114호)
전화 031)955-9790
팩스 031)946-9796
전자우편 info@suobooks.com
홈페이지 www.suobooks.com
ISBN 979-11-90382-60-1 03190 책값은 뒤표지에 있습니다.

도서출판 수오서재守吾書齋는 내 마음의 중심을 지키는 책을 펴냅니다.